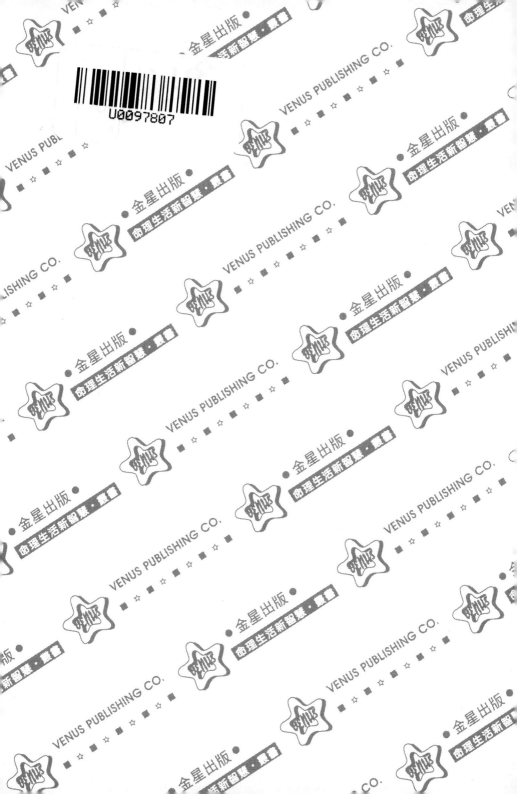

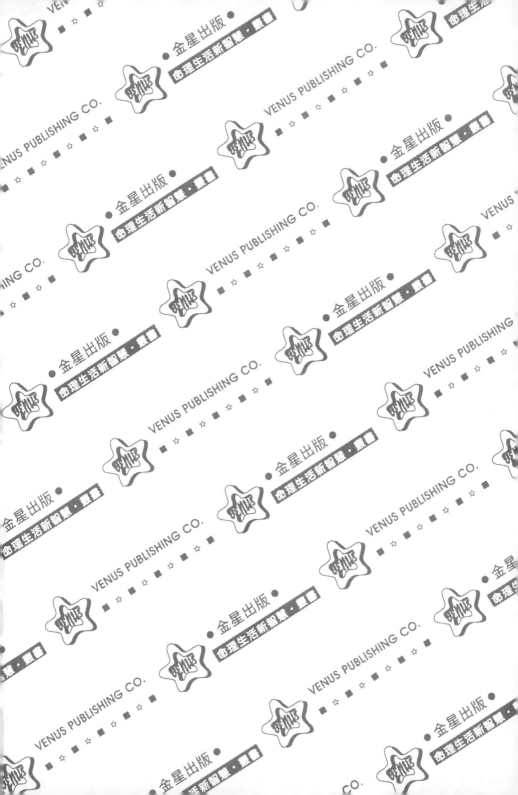

命理生活新智慧・叢書 32-1

紫微推銷術

《一版修訂版》

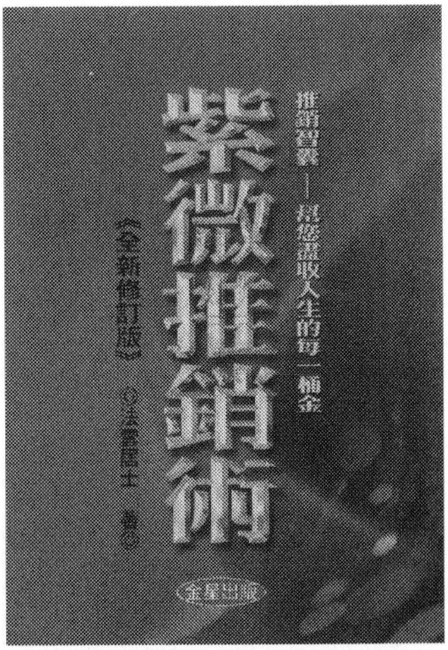

金星出版社 http://www.venusco555.com
E-mail: venusco555@163.com
venusco997@gmail.com
法 雲 居 士 http://www.fayin777.com
E-mail: fayin777@163.com
fatevenus@yahoo.com.tw

法雲居士⊙著

金星出版

國家圖書館出版品預行編目資料

紫微推銷術《一版修訂版》／
法雲居士著， --臺北市：
金星出版：紅螞蟻總經銷，
2009年，5月1版修訂； 面 ；公分—
（命理生活新智慧叢書；32-1）

ISBN 978-986-6441-04-2（平裝）

1.命書 2.銷售

293.1 98007511

紫微推銷術《一版修訂版》

作　　者：法雲居士
發 行 人：袁光明
社　　長：袁光明
編　　輯：王璟琪
總 經 理：袁玉成
地　　址：台北市南京東路三段201號3樓
電　　話：886-2-23626655
傳　　真：886-2-23652425
郵政劃撥：18912942金星出版社帳戶
總 經 銷：紅螞蟻圖書有限公司
地　　址：台北市內湖區舊宗路二段121巷19號
電　　話：(02)27953656(代表號)
網　　址：http://www.venusco555.com
E-mail：venusco555@163.com
venusco997@gmail.com
法雲居士網址：http://www.fayin777.com
E-mail：fayin777@163.com
fatevenus@yahoo.com.tw

版　　次：2009年5月修訂版　2023年1月加印
登 記 證：行政院新聞局局版北市業字第653號
法律顧問：郭啟疆律師
定　　價：350元

行政院新聞局局版北字業字第 653 號

ISBN :978-986-6441-04-2（平裝）

序言

在目前的大學及研究所的科系中，以商學院的企管科系為最熱門，要就讀企管科系，不但要分數高，學費也較一般科系貴，因為他們運用學校的資源也最多。並且也保證了未來出社會工作時的高收入所得。

企管科系，顧名思義的就是學習企業管理的相關知識與技術。當然這其中包括了經濟學、統計學、會計，和一切以計算、預估趨勢等等的經濟理論。但是綜合其最主要的靈魂就是『推銷術』。

現代的人必須懂得『推銷術』，不論是從商者、推銷員必須瞭解善用推銷術，就連一般政治人物、公務員、平民百姓、教師、學生，人人都是時常會運用到推銷術的。人們不但是在買賣商品時、想賺錢時會用到推銷術。想升官、升職時也會運用到推銷術。現在就連清高脫俗的宗教團體中也有一票深諳『推銷術』的精英，才能使宗教團體日益壯大，薈集成一股宗教力量，影響著整個的社會。『推銷術』在現今社會中是無所不在的，它充斥在每個人的生活中，也充斥在現代科技快速進展的時代裡。科技愈超前發達，『推

紫微推銷術

銷術』就愈會成為每個人所必備之生活技能的主流，並隨時間的增加而愈形重要。

『推銷術』，表面看起來是一種技術性的技巧。但它有時候也同時是一種人類本能的特質。有的人天生善於推銷，有的人則不然。天生懂得推銷竅門的人，容易即早達到成功的境界。天生不懂得推銷理念的人，必須後天長期學習，始終是慢半拍的人。

『推銷術』的內容非常廣泛，但你所推銷的總不外乎是一個商品，這件商品有時候是一個物件，有時候是一個人或一個團體，有時候就是你自己。例如說你在找工作的時候，你就是把自己要當商品一樣的推銷出去，讓對方公司的老闆、主管賞識，願意給你薪資和工作機會。

在選舉的時候，這些候選人也是極力在推銷自己，讓選民來支持、購買他。因此在現代經濟發達，科技發達的社會裡，『推銷術』已儼然主導了一切成敗的因素，並且隨著時代的演進，更無以復加的持續增加其重要性。每一個人都無法脫離它而成為化外之民。也因此，你若不懂『推銷術』，你便落伍了！你苦不懂『推銷術』，你便生活會愈形困難了！

紫微推銷術

這本『紫微推銷術』的書，是為你分析從各種性格，各種命格中的人，其人天生能精通、領會推銷術的本領有多少？後天能學習到精髓的人有多少？同時也為你分析改善的方法和增長推銷術的技能。讓你更確實的掌握推銷自己，以及推銷商品的成功機率。

當然，在人生中有些特定的時間是人生的關鑑點的，本書也會建議你如何在這些關鑑時刻裡，配合你所學到、擁有的『推銷術』來達成人生最大最高的目標。

『紫微推銷術』就是這麼一本分析你自我資源有多少？如何來好好利用，何時該順向操作，何時該逆向操作的一本書。同時也是可來發現洞悉別人在組織推銷技倆，製造推銷陷井時，戳破假像，抵制防禦的一本書。願與大家一同邁向更新的『推銷時代』。

法雲居士　謹識

命理生活叢書32-1《全新修訂版》

紫微推銷術

前言

現代人又生活在現代的社會中，我們常發現在我們生存的環境中有許多知識和學問是不夠用的，有時候是學校課程中就沒有教授你，有時候連父母也無法傳授給你密訣，完全要靠你個人自己去自行摸索。這個摸索的路程很遙遠，而且是某些人能摸索得到，而某些人卻很難摸索得到的。就像這本書中所談到的主題『推銷術』一樣。有一些人在極小的年紀時便知道運用推銷自己的長才，而加以表現了，展現了聰明智慧的一面。只是他不用『推銷術』這三個字而已。另有一些人因為害羞、保守，或運用手段不得法，無法得到別人的認同，所以在日後的人生發展成就上大打了折扣。

所以說：推銷術是什麼？

『推銷術』就是完成展現一個物件，一種才能、一種狀況，或是一種理念，能夠優質完美的讓人接受，並成功的擄獲人心的一種技術、力量。所以成功的推銷術所包括的內容成份就非常博大寬廣了。它包含了人緣喜好的成份，（屬於桃花的性質），也包含了該事物的本身內在資源，以及時間上的因素和概率的問題。所以『推銷術』是由上述種種因素所組成的。

『推銷術』的存在歷史是非常久遠的，可以說自有人類以來，它就已經存在了。只是古代的人沒有這樣為它命名罷了。現代人注重經濟生活的品質，自然就非得為它定位，為它找出理論的根據不可了。

大家都知道，在各種媒體上展現的廣告，就是一種推銷術。保險業者、賣房子的、各種商品的促銷活動也是一些推銷術的呈現。在選舉時，各個候選人的文宣、講演、造勢活動，也是一種推銷術。電視、電影的演員、歌星在螢幕上力求表現，也是一種推銷術。

當我們每個人要去找工作的時候，或是想要表現自己才能的時候，我們就已經在運用『推銷術』了。推薦自己成功，就是運用推銷術成功的時候。所以每個人也都隨時隨刻的在運用『推銷術』的技術和技巧。現今有許多學校和社團中組成一些團康的活動，這也是在訓練推銷術的技巧問題。所以『推銷術』便不再是推銷員的專利品，而是與社會大眾生活息息相關的生活體驗和生存方式的特別技術了。

當我們在戀愛的路途上，想要與愛人共組家庭，共諧白首時，我們就把自己推薦給對方，而且是強有力的，以像孔雀般展現自己美麗特質的方式，來博得對方的認同，這也是一種推銷術。

另外，我們有時候想和家人溝通，或想要傳達一些信息和理念給我們的家人和朋友，這也許是一個新的信息和理念，我們自身深信這是一個好的理念，須要說服周圍的人的時候，我們也需要用到推銷術。所以說，每個人若精通了『推銷術』，你就擁有了美麗、成功的人生。推銷術有瑕疵的人，便要苦嚐敗績了。

『推銷術』的內容範圍很廣，但主要可分為激進式的，和溫和式的兩種。激進式的『推銷術』必須把握時機，用較激烈的手段來進行。『溫和式的推銷術』，也必須伺機而行，手段較緩慢、輕柔，因此也不容易受到太大的反對和不愉快。不論是『激進式的推銷術』或『溫和式的推銷術』最後都會面臨一個『接受程度』的概率問題。這個概率問題就必須在事先就策劃、擬定，或做沙盤演練，再掌握時機，才能一舉而中。將對方一舉成擒推銷成功。

在這本『紫微推銷術』中，我會為你分析你已擁有的基本推銷術好不好？也會為你分析你已握有的籌碼夠不夠多，你本身的資源豐不豐富，以及如何改善增進它們，並且為你分析在時間因素和概率因素之下，如何能掌握致勝的關鍵玄機，把你所想要推銷的物件或理想來實踐它，以達到增加個人財富和成就的超級目標。

第一章 『推銷術』是什麼？

『推銷術』是什麼？很多人會很奇怪的說：這還要問？就是在賣東西嘛！想辦法把商品賣出去，就是『推銷術』了。當然，這也對，只不過這只是狹隘的想法罷了！『推銷術』的真正內含意義範圍是更廣闊的，它實則是一種促進人類想要把某一些特殊的理念或特定想要做的事，把它做成功的特殊力量技巧方法。它不僅僅是賣一種商品而已的。所以成功的『推銷術』就是一種『達到成功』的技術與能耐。也可以說『推銷術』就是一個促使自己成功的方法和才能。

推銷術是一種知識、一種力量

在現今的社會中有許多人對推銷員是非常討厭的。他們認為推銷員常憑著三寸不爛之舌來強行推銷。把死的說成活的，是一些不實在的人。雖然他們口中常沒誠信，但真正值得信賴的，又有幾人呢？

在這裡，我只能告訴你：『推銷術』是一種知識，一種力量。它和不誠信，不實在的推銷員是不能劃上等號的。它們是不相同的東西。這和我曾經所寫過的有關『偏財運』的書中所說的一樣，『偏財運』它是從古至今的存在著，在某些人的命格中，不會因你討厭或特別喜歡，就不暴發或暴發得多一些。同樣的，『推銷術』從古至今都存在著，並不會因某些人來濫用或抵制就消失了或擴大了。事實上一般的推銷員所運用的推銷術是淺層的、層次不高的推銷技術。而真正高明的推銷術是不著痕跡，著墨不多，而又多能發揮實際作用，得到美好成果的推銷術了。要做到這一點，學問是何其高深啊！這豈是一般市井小民用巧言令色、恐嚇、威逼，或是要賴磨人所展現出的推銷術呢？所以說，真正好的推銷術、崇高的推銷術是可以把人的人生目標抬到最高層次的地方，是可以造就事業成功，人生完美、生活富裕和諧、智能發展高超的一個境界的。

由此，我們更可以引伸出一個『推銷術』的意義出來了，那就是：

『推銷術』就是一個成功的法則。同時推銷術也是一種先知先覺的領導哲學，是必須站在知識領導的先端，再經過契而不捨的努力而創造出的具體成果的一種專業性技術。

『推銷術』有掌握時機、努力奮發的特性

當你想向人推銷一個理念或是一個物品時，你一定會首先便察言觀色，或先試探一下你所尋求推銷對象的口風，看看這是不是一個好時機？經過你的判斷，倘若覺得是好時機了，你便會立刻抓住對方，絕不放棄機會，使用各種言語上的魅力、態度上、身體語言的魅力，將對方說服，而達到推銷的

成果。這種自發的積極性，就是努力奮發的特性。倘若失去了這個特性，也就無法將對方說服，『推銷術』便告失敗了。所以掌握時機和努力奮發是同時具備的特性。

『推銷術』要有『知識』做後盾

當你要傾銷你的理念，或傾銷你的物件產品時，在你說服人的說詞中必定會有合情合理、具有知識性的理論來支持，才能發揮作用。這時候你就是站在一個領導者的地位上，用一種先知先覺的知識性來引導被說服者（客戶）的追隨，而加以認同，才能推銷成功。所以『推銷術』成功的人，也同時是經常能成為好的、成功的領導者的人。

『推銷術』是無形的資本

當一個事業在剛組織起來的時候，必須找合夥人，這時候是主事者首先具備『推銷術』最精明旺盛的時候。在台灣的民視電視台剛成立的時候，蔡同榮先生廣招資金，一下子就集資了幾十億元的資本，做了民視電視台的董事長。很多人稱他為厲害的角色，厲害在那裡呢？就是厲害在『推銷術』的成功。所以當每個人想成就一番事業的時候，無形的資本─『推銷術』，反而比有形的資本─錢，來得更重要了。

『推銷術』是每個人之基本本能

推銷術其實皆存在於每個人的基本本能之中。每個人都略通一點『推銷術』。只是有些人常常拿出來應用，以此技術來剋敵致勝。而有些人常將自己本能的『推銷術』暨之高閣，反而成為弱勢地位，常遭別人的強力推銷。

能幹的人，有能力的人，都是精於推銷術的人，前外交部長胡自強先生的朋友常向他開玩笑說，他若不做外交部長了，可以去賣二手車。這就是表示這個人的『推銷術』很精妙，天下的事是很難去難倒他的了。有能力的人，一輩子都不怕會沒有好的工作、好的機會，會有一大堆的好事正等著他去實行。

第二章 各種職業所形成的推銷術

政治人物的推銷術

政治人物全部都是精於『推銷術』的人。他必須向選民推銷自己的人品、經驗、政績、能力、智慧，並且還推銷自己的『忠誠度』，雖然並不是每一個政治人物都讓老百姓人人認同，但只要有一大票（絕大多數的人）的人，認同了他的推銷術，這個政治人物便宣告成功了。而且也享受到了名利和權力。所以政治人物是最熱衷於『推銷術』的人。倘若『推銷術』的技術不夠老到，便會被選民遺棄，或是被長官遺棄，自絕於官途，還要經過多次起伏，等訓練好了『推銷術』之後才爬得起來。

紫微推銷術

政治人物想要精於推銷術的人，最好命格中有文曲居旺和巨門居旺，若再有文曲化科、巨門化權、巨門化祿就最好了。如此可增加言詞上的巧妙主導力量。此外有『陽梁昌祿』格的人，天梁居廟、居旺的人，也容易有高智慧以及擁有極佳的貴人運，這些優點都可幫助自己的推銷術成功。還有在『命、財、官』『夫、遷、福』中有武曲居廟，若再有武曲化權、武曲化祿，都是極具『推銷術』技術的人，在推廣自己的理念方面有特別強勢的力量和效果。

政治人物的『推銷術』中，有一個基本的特點，就是要注意『誠信』的問題。這和商人們所必須注意的『誠信』問題是有異曲同功之妙的。政治人物常常誇大言詞、自吹自擂、惡言批鬥對手，有時利用恐嚇性的推銷術，或是跪地祈憐的推銷術，花招百出，欲達目的絕不罷休。這種努力奮發的個性，提著腦袋大玩推銷術遊戲的人，當然所獲得投資報酬率也特別高，在名利及權位上的獲得就不是一般小市民、薪水階級的人，所能項背的了。

政治人物們所講究的『誠信問題』是『短暫的誠信』，和商人的推銷物品所講究的誠信有所不同，政治人物都是善變而極度順應潮流和順應對自己有利的時機好處的。因此他們的誠信是不長久的。這大概也是天下政治人物的通病吧！但是選民往往未能即時發覺或覺醒，所以常常落入被推銷的一族弱勢團體地位之中。

軍人、警政人員適合的推銷術

軍人和警政人員是屬於武職的職業，所追求的目標多半是以升官、升職為主的人生目標。因此所適合的『推銷術』中要特別講求忠誠、廉潔、有能力。你所推銷的物件就是『自己』。你所推銷的對象就是你的長官。因此你最好有『陽梁昌祿格』，以及在命格中有天梁居旺、太陽居旺的命格，再稍微訓練一下你的『推銷術』便能步步高陞，無往不利了。

商界人士所精通的推銷術

一般社會大眾最能夠感受到推銷術被應用的，就是在電視、媒體、報紙、

紫微推銷術

大型看板上所做的廣告了。但這只屬於一小部份的『推銷術』。商界人士通常展現推銷術的地方，不止限於在明處做廣告的。有時候他們會巴結政要，向政府機關或領導主事的人，展現更高層次的推銷術，常常他們也會把自己當做商品，強力推銷出去，坐上政府裡首長級的位置，形成官商一體的局面，這種推銷術就不是單單以細小卑微的商品來做推銷可以比擬的了。

事實上家族中有經營企業的政府官員，大都屬於這種精通推銷術的商界人士，所以他們在基本性格上也都具有商人氣息，因此推銷術較精湛，升官發財也比較快。

商界人士，做生意的人，在命格中的『命、財、官』、『夫、遷、福』等宮位中要有武曲居廟，是最具有推銷能力的人。當然命格中若再有武曲化權、武曲化祿是能力更強的了，倘若武曲居平位，就會與七殺或破軍同宮，這是『因財被劫』的格式。此人便會對錢財沒有特殊的敏感力，同時也很難體會『推銷術』的精華和精神了。其『推銷術』便處於較差的型式。就算有積極向上之心，也很難成功的享有名利之樂了。

做生意的人若命格中有文曲居旺、巨門居旺，在言詞上是非常有利的。有巨門化權居旺的人，在從事推銷工作上，是無往不利的，會用強勢的口才說服力攫獲致勝。有巨門化祿居旺的人，在從事推銷工作上，會用巧言委婉，哄騙的口才來推銷成功。有文曲居旺的人，會用展現自身才華的方式，再加上口才的流利，還有攏絡性的人緣方式來達成推銷。

通常商界人士、做生意的人最常使用的推銷術，是用交換利益的方式實行。這和政界人士所使用的推銷術中有某些部份是相合的。

公職人員、薪水階級、文職人員、學生所適用的推銷術

公職人員、薪水族、文職工作者、學生通常會用到推銷術的時候，主要都是在做自我的表現，表現自己的能力，以達到上進的目標，獲取上司、主管、師長的青睞。所以這些人所用的推銷術是極其單純的推銷術。所推銷的物件就是『自己』。有時候這些人並不一定顯得積極奮發。常常在這些人中是不恥於表現自己，或不屑用或積極動作來展現『推銷術』的。但是不畏懼

別人異樣的眼光，又能稍具『推銷術』能耐的人，則必會跑在別人的前面，即早卡位，達到自己預設的目標。

公職、文職、薪水族、學生這類族群中的人，必需在命格中有『陽梁昌祿格』，而且是天梁居旺，日月皆旺，又有財祿之星居旺在『命、財、官』和『夫、遷、福』等宮位中的人，是會具有完整優良的推銷術來達成升職、加薪、功課好、得師長、長輩青睞的成功境界的人。這些人中若命格中有文曲、文昌居旺也是非常好的。會頭腦聰明，得人喜愛，稍事學習，推銷術就一級棒了。

宗教團體所適用的推銷術

宗教團體為了要廣招信徒，籌募善款，基本上他們也是由一群非常懂得推銷術的人來組織運作的。目前台灣的宗教勢力龐大，財產之多為世界之冠。雖然常隱晦於慈善事業的背後，但是我們可以從其眾多的活動中看到他們所擅長的『推銷術』的成功，實在是可為世人的典範來學習的。

宗教團體的推銷術多以『真善』與『慈悲』著手，也從人心的柔軟面和恐懼心來著手。他們會勸你『能捨』、『能棄』。利用前世的因果和後世的福田來對你做威迫利誘，藉以吸引廣大的資源。

宗教團體所運用的推銷術，是看起來複雜，其實也頗為簡單的推銷術。有時政治人物也會拿來利用，商人也會拿來利用，一般人也會拿來應用，甚至金光黨也會拿來利用。

宗教團體的推銷術，最後會把人帶往何處呢？當然是極樂世界了，人們經過宗教團體的推銷術之催眠，最後得到心靈的安靜與平和。這也就是宗教團體推銷術成功的地方了。

國際政治環境下的推銷術

在國際政治環境裡我們也常可以看到推銷術的應用，例如美國時常用三〇一法案來對付許多國家，以防止別的國家廠商對其做傾銷，危害了美國本土的商機。這些擔心受三〇一法案報復的國家廠商便會對美國國會議員進行遊說，或用刊登廣告的方式，或用訴諸法律的方式，或用聽證會的方式來進行反制，這就是運用推銷術來做國際影響了。

另外在中共每年要接受美國裁議是否會給與最惠國待上，中共也會對美國的國會議員進行推銷術，以達到保留最惠國待遇的目的。

還有在各國武器軍售買賣上，推銷術是各國軍品武器販子和各國政要中相互角力的戰場，同時也是相互展現推銷術的品質好壞的展示競技場。

一九九七年李登輝總統運用了許多關係前往美國康奈爾大學去做演講，這也是一種推銷術的展現。許多國家的元首、政府官員要出國訪問，這些都是去展現推銷術的。

所以在國際政治的領域裡，推銷術是無所不用其極的在被運用著。大家都是想，在這一場推銷術的戰爭中，看看是誰勝誰敗吧！國際政治環境中的推銷術實際是更殘酷、更嚴厲、詭異、威猛的一種鬥爭。這不是一般人所能玩的賣小商品的推銷術。此種國際政治的推銷術是大可以興國、滅國。小可以使民生富裕或困苦的，掌握人生命、財產的政治智慧。所以做政治決策者的人，都不會忽略了這種政治性的推銷術。就像越南在美軍撤出越戰以後，美國發出了禁運令，不許各國和越南做生意。越南在經過長時間的民生凋蔽，不得不向美國的議員發出推銷術，經過長時間的努力，和議員的關說，終於開禁，越南才能慢慢的恢復，漸漸繁榮起來。越南的老百姓吃了多少苦呀！這足以證明國際政治環境中的推銷術是足以興國、亡國的了。

一般人所擁有的推銷術

世界上所有的人都多少懂一些『推銷術』。每一個人也擁有屬於自已個人方式的推銷術。每個人因生活的環境不同、思想的結構不同，於是每個人在展現自己的推銷術時便有極大的不同之處了。

專門從事推銷行業的人，例如廣告業者、媒體業者（包括一些電視、報紙、電腦網路、看板、文字的傳播者）、推銷商品物件、房地產買賣仲介、保險業者等等，他們所從事的推銷術全都是屬於『顯性的推銷術』。因為是會讓大家一目瞭然就知道目的為何的營利動作。

另有一種『隱性的推銷術』，這是一種權謀經營，存在於個人的心智之內，『推銷術』是人人皆而有之的，只不過企圖心強的人，在努力的過程中，比較會讓人感覺得到。企圖心稍弱的人，這種『隱性的推銷術』便會淹沒在芸芸眾生之中了。推銷術不靈光的人，當然是很多心中想要得到的東西是可望而不可及的了。

第三章 推銷術有什麼特質

現今這個時代是早已進入『推銷時代』的宇宙坐標了，凡事都要採取主動，才能切時的掌握先機。

推銷術有幾種特性性質是千百年來從未改變的。很多人認為『推銷術』只是用嘴巴講一講，很簡單，又不花力氣，這是不對的。高級的推銷術是不著痕跡的推銷術，是隱性的推銷術，同時也是觀人出招、手到擒來的推銷術。要談到這種推銷術，我們就必須先來瞭解好的『推銷術』所具備的特質，才能清楚的瞭解自己所擁有的推銷功力有多少？或是知道自己的資源能力有多少？也才能知道自己在人生中所能獲得事業成就有多高。以及自己到底在人生能掌握多少的成功率？

『推銷術』的特質

一、推銷術有掌握時機，努力奮發的特性。在我們找到目標、設定對象要使我們的理念或物件讓對象認同接受時，必須注意時機的問題。更嚴格的說，推銷術應該是時間和概率的問題。時間若把握得好，成功的概率便會相對加大。因此時間和概率是成正比的。

二、推銷術在進行的時候，其人必須具備專業知識，更應廣泛的蒐集情報。並利用精密的思維和謹慎的態度來觀人出招。

三、推銷術是經過深思熟慮的策劃經營，再經過多次的演練實習將之融合在自己的個性中時，才能慢慢施展開來，漸漸的而得心應手的。

四、推銷術中包含著一般先天的敏感性，和對人性的先知先覺，同時也必須具有先天性的親和力。用戒慎的態度，緩緩將自己的理念或要推銷的物品鋪陳出來。在收網的最後工作時，仍以不急不徐的態度慢慢完成，不能引人起疑，或有讓人上當被騙的感覺，否則便會失敗。

五、推銷術是充滿憂患意識的技術。自吹自擂和恐嚇性的推銷術，只能用在一時，而無法長期說服人。這便是不成功的推銷術。

六、推銷術在人生中是適合長期工作實行的技術，不論人處於那一個階段或時期，或是公司、機構處於那一個時期，都必須時時戒慎在推銷術之中，才會有永續經營的願景。

七、推銷術同時也是一種領導哲學和藝術，必須具有啟發性和知識性的領導地位，成為開路先鋒。同時又具備創造、建設的宏觀思想才能建立好的推銷術。

八、一切『推銷術』的起源來自於『需求』。『需求』不足的推銷術，是無法長期存在的推銷術。

九、『推銷術』是善解人意，察言觀色，適可而止的推銷術，不是頑固偏執，一廂情願，看不清前後因果關係，無法洞悉人情世故的推銷術。

十、一般庸俗的推銷術是『貪小利』的推銷術，容易貪小利而失大財。高級的推銷術必需具備穩重、剛直、謙恭、謹慎、寬厚、忠誠，事事為人著想，兼懂人情世故、負責、有擔當、能自我反省等各種優良品性的人格所兼而具備的推銷術。

十一、必須具備良好的朋友運，推銷術才會成功。縱使人有再多的才華，倘若沒有朋友運的話，是很難向人際關係中開拓機會，及肩負起推銷術的使命的。因此擁有成功的推銷術的人，都是朋友運極佳的人。

十二、具有良好父母宮的人，掌握對長輩型的人，對老人、年紀大的人，中年以上年紀的人的推銷運氣。命宮、福德宮、遷移宮、夫妻宮中有左輔、右弼的人，掌握對平輩、同年紀的人的推銷本領。同時也掌握對年紀比自己小的人的推銷本領。

縱觀上述十二點為『推銷術』的優質特性，各行各業的人，若能具備即能成為該行業最頂尖拔粹的成功者。

在一九九八年戊寅年的時候，台灣經濟景氣一片低迷，有一位專業從事房地產買賣的超級業務員，專門從事五千萬以上的高級住宅或辦公室買賣。在一年中賣出十幾棟近天價的宅第，成交額在六兆元以上。有這種高業績高能力的人，就是已精通成功『推銷術』特質的人，並且在人格特質上也會受到肯定，得到別人的信賴，才能創造出如此的佳績來。

紫微幫你找工作

『男怕入錯行，女怕嫁錯郎』。
現在的人都怕入錯行。
你目前的職業是否真是適合你的行業？
入了這一行，為何不賺錢？
你要到何時才會有自己滿意的收入？
法雲居士用紫微命理幫你找出發財、升官之路，並且告訴你何時是你事業上的高峰期，要怎麼做才會找到自己有興趣的工作？
要怎樣做才能讓工作一帆風順、青雲直上，沒有波折？
『紫微幫你找工作』就是這麼一本處處為你著想，為你打算、幫助你思考的一本書。

第四章　以時代的腳步來分推銷術的種類

推銷術基本上首先分為『傳統性的推銷術』和『現代科技化的推銷術』兩種。這兩種因先後時間因素不同所發展出來的推銷術，可再由技法和對象的不同而加以再分類。不過有一種推銷術的真理是永遠不變的。那就是所有的推銷術都是由原始的『傳統性的推銷術』做基礎而漸漸形成更進步的模式的，也就是說『現代科技化推銷術』的基本架構仍本於『傳統性的推銷術』。

不論那一種推銷術，最重要基本成型的元素就在『人』和『競爭力』。你必須和『人』去做推銷，不會和無生命力的東西去做推銷，又會因為『物競天擇，適者生存』的競爭力，而產生推銷術。所以『人』和『競爭力』就是推銷術中最基本的法寶了。就連現代科技化網路發達的時代裡，也不能少這兩個基本因素。

第一節　傳統和科技性推銷術的內容

傳統性的推銷術

傳統性的推銷術是指古往今來，行之長久的推銷術。通常它是靠人際關係和權力、義務、信諾所形成的推銷術。例如：中國自古便有『童叟無欺』的商用警示語言，並且是靠鄉里中鄰居朋友和親戚關係所形成的推銷網。現今這種傳統式的推銷術依然存在著。例如流行了好一陣子的傳銷業，便是利用個人的家族親友的關係來加以推廣推銷的。他們雖用上線、下線的關係來均佔利益，似乎是將傳統的推銷術有所改良，但仍然是出脫不了傳統式推銷術的範圍。

另外像保險業、仲介業者必須勤於和客戶見面，採行一對一、面對面的說服推銷，這也是一種傳統式的推銷術。

傳統式的推銷術講究人脈的開拓，和人有見面情，以見面時的人緣好壞做一個推銷的基礎。再由口才的助力幫忙而達到推銷的效果。這其中人緣關係就佔了絕大部份的比例。所以傳統性的推銷術，在專業技術上是要有，但卻沒有人緣和關係的牽扯來得重要的多了。因此傳統式的推銷術是推銷者主動出擊的推銷術。

現代科技性的推銷術

現代科技性的推銷術，指的是用媒體、廣告大量鋪排的推銷術。它不是專對某一人所設，它是向廣大的群眾發表推銷訊號，等待回音式的推銷術。

這種『現代科技性的推銷術』包括了郵購的形式、製作看板、刊登廣告、製作DM、發傳單的方式等等，這是一種有如『姜太公釣魚，願者上鉤』的方式。

近來電腦上的網際網路發達，無遠弗屆，更符合了現代科技性的推銷理念。人們並沒有看到推銷員，甚至也看不見任何人，便在機器上決定了買賣，傳統式的推銷術必須藉用人與人之間的關係相互糾葛，以及人與人之間的接觸才能完成推銷，而科技性的推銷術完全排除了人際關係上的複雜性，完全以人自身的理性和判斷力來做買賣交易的基礎。

有時候某些人會懷疑難道這種科技性的推銷術中就真的完全用不著人緣桃花這種親和力了嗎？當然這也不是！雖然在推銷工作進行中的雙方會在很遙遠的地方，誰也見不到誰，但是經過網路語言、媒體語言或廣告語言，我們還是可以很清楚的感受到對方這種親和力和人緣好壞，也直接會反映出我們到底喜不喜歡對方的推銷術，加以判斷之後，再決定接受與否的問題。所以人與人之間的關係表面上是淡薄了，但並沒有消失，只是用另一種方式呈現出來了而已。

傳統與科技交互應用的推銷術

某些行業會用『現代科技性的推銷術』和『傳統性的推銷術』交互應用，

而產生更高的推銷成果，例如賣汽車的公司，會在報紙、電視、各大媒體上做廣告宣傳、策劃。等到有興趣的客戶打電話或上門來，再派出業務員做一對一的溝通推銷。這種推銷術在前半段就是屬於科技性的推銷術。後半段又回到傳統性的推銷術了。

目前科技進步，很多公司都想減少人力的應用，極力促銷網路推銷，發展科技性的推銷術。但有許多行業，仍是無法用單純的科技性推銷術來完成實質的推銷，主要原因也是在『人是一種感情的動物』，在冰冷的科技之下來接受別人推銷，雖然有一時的新鮮感，但是在人多變的情緒和東方人傳統的注重人情世故，所以科技性的推銷術在東方運行還是會有許多瑕疵和障礙，不會為保守心態的人來完全接受的。

科技性的推銷術，因運用媒介有其知識性和文化性，多存在於高知識文化水準生活領域中的人會應用。一般鄉下民眾和年紀大的民眾便涉入較少，形成很嚴重的差距。因此年齡和生活環境也是影響人使用傳統性或科技性不同推銷術的分界點。

第二節　傳統與科技性推銷術再分類

傳統式的推銷術再分類

傳統式的推銷術又可分為口耳相傳和面對面，一對一的推銷術。在這裡，家族性和朋友之間的關係是脈脈相連，利用到極致的。在傳統式的推銷術中主要運用的技巧，就是人緣和口才、智力。這在命理學上稱為桃花、說服力、天生的智慧。因此在人的命格中必須有桃花星、有說服力的星、有智慧之星存在於命宮、財帛宮、官祿宮、夫妻宮、遷移宮、福德宮。如此才會具備上述的條件。

在人命格中『命、財、官』、『夫、遷、福』中所應具備的星曜最好有貪狼居旺、廉貞居廟、文曲居旺、巨門居旺、天梁居旺、太陽居旺、太陰居旺、天同居旺、天相居旺、紫微、天府、武曲居廟等星。另外像左輔、右弼、紅鸞、沐浴、咸池等桃花星必須配合得好，才會產生好的推銷術格局。這在後面章節中個別分析每個命格中所具有推銷術的特點時會談到。

不過不論口耳相傳式的推銷術或一對一、面對面的推銷術，掌握時間上的要素也是非常重要的，這會影響推銷成功的概率問題，是必須嚴密注意的事。

紫微推銷術

科技性的推銷術再分類

科技性的推銷術再分類就成為『混合型』和『純粹型』兩種方式。

『混合型的科技性推銷術』，就是像前面所指出的利用廣告媒體的佈達，再配合傳統式的推銷術，等到客戶有回音，出現時，再用業務員親臨推銷的方式加以說服，達到推銷目的。其實這也是一種選擇性的推銷方式的技術了。

『純粹型科技性的推銷術』只是在電話、電視、電訊、網路等科技產品中加以推銷，完全不會見到推銷員親臨現場的狀況，這一方面提高了人力資源的應用。另一方面因為『純粹型科技的推銷術』是商業發展的趨勢，高科技發展迅速的國家勢必走上這條將商業快速傳達，快速而簡單化成交的路途。

因此『時間』的掌握就是『科技性推銷術』唯一的價值和致命傷了。商場有如殺戳戰場，要在戰場上成為贏家，變數實在太多，唯有掌握先機，掌握『時間性』特質，才有致勝的關鑑，所以『純粹科技性的推銷術』是更能創造驚人產值到達天數的高級推銷術了，這一點是傳統性的推銷術所無法比擬的。

在混合型科技性的推銷術中，時間雖是必備的重要因素之一，但人緣、親和力還是不能缺少忽視的。所以要從事這類業務的人，『命、財、官』、『夫、遷、福』等宮中仍需要有與人緣關係有關連的，具有桃花性質的星曜，而且必須居旺才有用。而上述六個宮位中絕不能出現化忌、天空、地劫等星，否則也會凡事不順，達不到推銷效果了。

『純粹型科技性的推銷術』中，主要的精髓便是『時間性』。失去了快速時間性，便失去了推銷的能力。在這種推銷術中更重要的就是科技知識性、資訊精確的掌握。所以專業智能也是非常重要的。可以用此類方式展現推銷術的人，必須在『命、財、官』、『夫、遷、福』中具有財星居旺（武曲、天府、太陰居旺），還有運星居旺（貪狼、天機、太陽等居旺），廉貞居廟

（廉貞是智多星、企劃之星）、天梁居旺（天梁主貴人運，主多智），同時也不可有化忌、劫空存在於上述六宮之中，才能發展出高超智慧，經營執行此等的科技性推銷術。

純粹型科技性的推銷術難道就不需要人緣桃花了嗎？並不完全如此，只是人緣桃花的比重在純粹型科技性的推銷術中是比較輕的，份量較輕之故。最重要的是時間、速度的因素。其次是運氣、進財的因素，若沒有人緣桃花，所設計出來傳達意念的廣告和網頁上的文字便不會吸引人潮，仍然是白費心血和時間的。因此在這個部份，時間、運氣和人緣是先後次序調換了而已。

總而言之，所有的推銷術仍然是脫離不了和人的關係和時間的關係、運氣上的關係，和錢財的關係。『人、時間、運氣、錢財』就組成推銷術的全部價值和內容。做得好就成功了，附加價值更高，人生就呈現光明面。做得不好就失敗了，一切會回到原點，必須再接再厲，重新檢討，再踏上推銷的征途。

第五章

你的推銷術好不好？

（何種人容易落入『被推銷』的陷阱中）

各種命格的人天生擁有『推銷術』的好壞好析

一般來說，既然有推銷術，就有想施展推銷術的人，和被推銷的人，這形成一種主、客的關係。同時在某些情勢上也形成敵我的關係。這個關係很微妙，主要也是因為一方要竭盡所能的說服對方，強加某些自己的意願給對方，藉以賺取自己的財或利益。而另一方則是抗拒的一方，屬於不合作的一方。這形成一種拉距戰。你的推銷術好的人，顯示出你強制對方的力量強，而對方的力量弱。若你的推銷術不夠好的人，顯示你強制對方的力量差，而對方的自主性高，力量是強勢的，所以令你的推銷術不成功。

每個人都有自己先天性擁有的推銷術的能力，這可從命理學的觀點中看得出來。無論你後天再三學習，若沒有先天擁有的推銷術能力做根基砥柱，你也是無法擁有非常高超的推銷術的。因為推銷術就是一種領導別人與引導別人的方法，這必有其先天的敏感因素，才能領會掌握的。

例如命宮中有『殺、破、狼』格局出現的人，都具有較強勢的推銷術，巨門坐命的人，也會具備一般的推銷術。這是因為命宮中具有殺、破、狼等星的人，代表內心情緒、思維、情感、領悟力對財利的敏感力都較好，他們願意放下身段來做這麼一件辛苦的事，又同時能善解人意，體諒別人的心，而找對了方法來說服人。代表人內心情緒領悟力的宮位是夫妻宮。而在命宮中有殺、破、狼的人的夫妻宮中，就有天相（福星、理財之星）、武曲（財星、正直之星）、天府（財庫星、計較、理財之星）、廉貞（經營規劃之星）等星，所以在利害衝突上的掌握是比一般人較為優勢的。另外巨門坐命的人，若是夫妻宮所代表的情感領悟力之星是太陰居廟、居旺的話，也會因敏感、善解人意而擁有好的推銷能力。只是夫妻宮絕不能有羊、陀、火、鈴、化忌、劫空同宮出現，否則也是無法擁有好的推銷能力了。

雖然我們一般都認為強勢的推銷術是和『被推銷』是兩種相抗衡的力量，是敵對的。但是在某些人的性格中我們往往也會發覺出某些人是既愛施展推銷術，也很願意接受推銷、被推銷的人。這是非常有趣的。這種人尤以巨門坐命的人為最多，其次是夫妻宮有巨門、破軍等星的人屬之。他們為什麼會有這種情況產生？我在後面分析每個人、每個命格所擁有的推銷術及被推銷的概率時，會一一解說，並且你也可利用後面的分析來審查自己的推銷能力。倘若你是從事推銷業者，或是即將努力奮發向成功邁進的奮鬥者，可藉此檢驗自己的能力，看看問題出在那裡？是不是有改進的地方？

你亦可用後面的分析做為一個看人過招，觀人出招的藍圖。這會幫助你更容易進入情況，瞭解別人內心在想些什麼？其人心思的轉向、情緒變化的轉折，更可捏拿穩當，有利判斷，掌握推銷工作的實際情況。

現在就開始分析每個命格的推銷術掌握情形，和在『被推銷』時抵制和順服的概率多寡。

各個命格所擁有之推銷術狀況及被推銷時的接受程度之分析

紫微坐命的人

紫微坐命的人，因紫微星是帝座、帝王之星，同時也屬官星，所以紫微坐命者都有性格固執、高高在上，非常強勢堅定的個性。雖然他們有時會耳朵軟，喜歡聽小道消息，但不會輕易接受別人的遊說，也不容易接受被推銷的事物。他們有自己頑固的抵制能力，必須經過他的長期觀察、檢定，才慢慢會接受。所以他不是一個極容易接受被推銷的人。

紫微坐命者，是官星坐命的人，容易做公職，也是態度極為保守的人。他們主導直覺感受的夫妻宮是七殺居廟，代表內心感受的情緒、敏感度是直接、武斷型的。雖然他奮發向上的心是很強烈的，在官運上也有好運。但是他所主導推銷自己的能力，都不是最強的。他常會自以為是，因自身的固執，或太相信自己，而無法體會上司的心意或欲施展推銷術給對方的人的內心感受而常常推銷失敗。因此其人本身的推銷術並不算好。

紫微坐命子宮的人，有時候會從事生意經營的行業，事業常有起伏，這也是推銷術不佳的寫照。

紫微坐命者，命宮中有羊、陀、火、鈴、劫空、或是夫妻宮中有羊、陀、火、鈴、劫空的人，以及遷移宮中有化忌的人，也容易看不清事實，或根本尋找不對真正的對象，很可能一開始便做出錯誤的決定，而無法進入推銷成功的境地。因此紫微坐命者又有煞星同宮的人，是一個對推銷為門外漢的人，也無法做一個成功的推銷者的人。

紫微坐命者是貴氣十足的人，其遷移宮有貪狼好運星，運氣十分好，財帛宮是武曲、天相，錢財也十分順暢。其人之福德宮為破軍，表示其人十分勞碌，因為心態是直來直往很剛毅的，所以在要推銷自己的理念和想要達到目的時，會以交換利益的方式和官官相護之情來達成。而無法以其他的能力來達到推銷目的。所以在他的推銷術中是必須自己先損失了，才能達到目的的，這種推銷術就談不上完美的推銷術了。同時他也不適合做一個推銷人員。

紫府坐命的人

紫府坐命的人，是帝座與財庫星坐命的人，為人很計較、保守，只接受高級品、精緻、完美的理念和物品，倘若你要向他做推銷術，就要謹守這個原則，證明你所推銷的東西是高價值、有信用、有品牌、質量精美的，就能對他推銷成功。

紫府坐命的人，夫妻宮是破軍居廟，表示此人的內在情緒是起伏多疑的，他會常常試探來推銷物品的人的忠誠度、可信度，以及檢驗打聽物品的價值。倘若推銷物件就是他自己本身，他會非常積極的，不按牌理出牌的，或用迂迴戰術的，向對方做強勢密集式的推銷，直到成功為止。

紫府坐命者的福德宮是貪狼居廟，表示他們是有競爭力的、積極的、會運用人緣關係手段的。同時也是貪得無厭的，只要他對你有興趣，覺得你是他可努力推銷理念或物件的目標，他就會決不放棄，會應用非常精準，能撼動人心的方式，快速達成推銷成功。倘若他中途發覺你不是很好的目標，他就不會再有繼續的動作，會很快的轉移目標，他們會用試探的方式，先行設定目標後，才進行推銷，他們是非常會把握時機的。

紫府坐命的人，命宮、福德宮中有陀羅星的人，較為遲鈍，推銷術較差，敏感力不足。夫妻宮和福德宮有擎羊星的人，為人多思慮、奸詐，會因想得多、煩惱多而防禦別人太過，而讓自己的推銷術不佳。有火鈴、天空、地劫在命宮、夫妻宮、福德宮、遷移宮的人，容易因自己固執的脾氣，而無法有敏感度去體察別人心意或事情的真相，是推銷術不佳的人。也容易被人推銷一些無用的東西。尤其是福德宮有貪狼化忌的人，更是會擁有此等情形。

紫府坐命的人，因僕役宮（朋友宮）為天梁居旺，容易得到年紀較大的長輩提攜照顧，有貴人運，同時也具備向年長的人推銷成功的推銷術。

紫府坐命申宮的人，其僕役宮為天梁居旺，父母宮為太陰居旺，他們是深負與長輩、老人溝通的法寶。通常老人是最難以打通推銷之路的，因為他們多具有經驗、老謀深算，再加上需求減少，某些人又對年輕一輩的人懷有成見，喜歡訓人、廢話多、又喜歡重複。父母宮不好的人，就很難與老人相處和做老人方面的推銷術了，而紫府坐命申宮的人就具有這方面的才華，而大得其利。紫府坐命寅宮的人，因父母宮為太陰居陷，但朋友宮依然是天梁居旺，因此他們是在家中對父母沒有影響力，在外對老年人沒有影響力，但與和比自己年紀大，屬於中、老年之間的年紀的人，具有推銷能力。此種情況就比紫府坐命申宮的人差很多了。

紫府坐命者，若生在己年，有武曲化祿、貪狼化權，具有『武貪格』暴發運，只要沒有化忌、劫空來形成破格，就會在錢財具有超級強悍的推銷技術，暴發運也助長了推銷術的成功。

壬年生的紫府坐命者，雖然命宮會有紫微化權，但財帛宮會有武曲化忌，並且會有擎羊進入夫、官二宮，其人的『武貪格』也會有陀羅、化忌進入，是無法暴發偏財運，屬於破格的『武貪格』。此人的推銷技術也很爛，首先就無法感受到推銷對象的心情、意志問題，只是用自己更加固執的言詞強加說理，讓人有霸道的感覺。另一方面對金錢的敏感度不高，不屑於做推銷的工作，因此是非常失敗的推銷者。

紫貪坐命的人

紫貪坐命的人是帝座與好運星同坐命宮的人。但貪狼居平，所以好運只有一點點，紫微居旺，因此高高在上。他們的推銷術是看人才實行出招的，但是因為很少用到，常常不靈光，所以推銷術很少會發生作用，所以算是不太好的推銷術。雖然紫貪坐命的人很會拍馬屁、很會做官，但是在他周圍的環境中（遷移宮）是空無的（空宮）。朋友宮也不算好，是空宮。只有夫妻宮有天府星居廟，福德宮有天相星在得地之位，其人的父母宮又是巨門陷落。因此紫貪坐命的人失去了向長輩、同輩發展的推銷能力。再加上他們的財帛宮是武破，對金錢的敏感能力也不足，破耗很大，他們只是在內心世界中很富裕而計較，又想相安無事，這種狀況，在不論是自我推銷或推銷物品上，都是困難重重的。又受到內心意識自以為高尚，不屑從事推銷動作的影響。因此推銷術是差的。壬年生的人，有紫微化權在命宮，有武曲化忌在財帛宮，雖然會有祿存在財帛宮，或相照財帛宮，但其結果都是一樣的，很難實行推銷術的。

戊年生的紫貪坐命者有貪狼化祿在命宮，財帛宮或福德宮會有祿存，會稍具一些推銷術的規模，一生中機會也特別好。已年生的人，有武曲化祿在財帛宮，有貪狼化權在命宮，會有擎羊出現在夫妻宮或官祿宮，會因命格太強勢，無視於別人的感受而推銷術施展不開。

紫貪坐命的人，在本性上都是好誇大、好大喜功、喜歡美麗浮華的景象，不能切實注重實際的狀況，也無法瞭解別人內在心意的人，當然在推銷術上一開始便有盲點，是無法施展開來的。另外，他們在錢財上守不住，有耗財的性質，喜歡聽奉承的話，若用哄騙的方式，巧言令色，是很容易把商品推銷給他們的。

紫相坐命的人

紫相坐命的人，是帝座與勤勞的福星同坐命宮的人。因紫微和天相都在得地之位。雖然也會有高高在上、霸道、自以為是的觀念，但情況比其他有紫微同宮坐命的人好得多了。

紫相坐命者的遷移宮中就有破軍，這表示處於一種紛亂的環境。我在很多書中說過，命宮中有天相星的人，都是在本命運程中，來這個世界替人收拾殘局的。紫相坐命的人，只不過氣度恢宏一點，穩重、謹慎一點罷了。紫相坐命的人，頗具推銷能力。因為他的夫妻宮是貪狼，而『夫、遷、福』三宮就坐在『殺、破、狼』格局之上。在本性中他們好貪，又善於處理紛亂的事物，因此先天所擁有的『推銷術』就高明得多。再方面，他們也樂於打拚、努力、增加和別人的人際關係。只是朋友宮是空宮，又有機巨相照。他們在交友運上是保守的，所選擇的朋友多是具備知識程度較高、善變、並且保持適當的距離，不喜歡別人深入自己的生活。平常他們會和不熟識的人哈拉哈拉，買東西會拉關係和殺價，也會極力推銷自己，但是他只把這些當做是人生過程中的一個工作，做完了便揚長而去，並不會再對原先極欲拉攏的人有再多的留戀。甚至他們會很快的升起自我的保護傘，立刻和對方劃清界線，斬斷關係。等下次要推銷時，他再重新努力。

紫相坐命的人，對於別人要推銷給他的物品和理念是很猶豫不決的。他們總是左想想、右想想，拿不定主意，倘若你是個強勢的人，或者是破軍坐命的人，你就很快能找到他的致命傷了，用強力推銷的方式，他就一定會接受。紫相坐命的人常說他們礙於情面的關係會買一些不適用、不完美的商品，或經人強力遊說而做了不該做的決定，實則是他們本身在心性上有軟弱的一面。非常有趣的是：他們極易相信破軍坐命的人，而且與破軍坐命的人最相合。雖然破軍坐命者常讓他破財，但依然是心性相吸引，這是無法破解的自然現象。這也是前面所談到的。命宮有天相星的人，天生是來為破軍坐命的人做收拾殘局工作的人了。所以紫相坐命者會不接受其他人的推銷，但對破軍坐命者情有獨衷，是百分之百接受推銷的。

命宮中有『殺、破、狼』的人，都是強勢命格的人，紫相坐命者對於這些強勢命格的人，有如公雞對蚱蜢一般，既是天敵，又是吸引力，是很難拒絕他們的推銷術的。

紫殺坐命的人

紫殺坐命的人，是帝座與大殺將同坐命宮的人。因為命宮中的紫微居旺，而七殺居平，所以他們在內心裡固執、霸道的情況是非常嚴重的。紫殺坐命者都非常喜歡賺錢，其人的財帛宮是武貪居廟，表示對金錢的敏感力極佳，而且是想做就去做，不會有太多顧慮的狀況。官祿宮是廉破。官祿宮也代表智力營謀展現的宮位。官祿宮既然是廉破，雙星都居平陷之位，當然是設想不夠周詳的。

紫殺坐命的人，所從事推銷工作的態度是很直接的，不屑於拐彎抹角。他會直接問你要不要買？要買的話再和你多聊兩句，但也不喜歡嚕里嚕嗦的人，否則他會給你臉色看。倘若他發覺你的購買意願不是很強，他便掉頭不理，一副話不投機半句多的樣子。整體說起來，紫殺坐命的人是不善於推銷術的。不論他們是否是經營商業都是一樣。同時他們也不喜歡別人強力式或糾纏式的推銷。

紫殺坐命者的夫妻宮是天相陷落，這表示內在的思維，是表面看起來很會精打細算，實際上計算能力是很差的。表面看起來很精明，實際上他會弄得自己內心混亂，好壞搞不清楚的，所以紫殺坐命者自己所擁有的推銷術是格調不夠高的。他永遠無法認真體會出買家的心意和趨向動態，自己在接受別人推銷時也會產生剛愎自用，兩極化的情形。要不就是太相信別人，以致於上當吃虧。要不就是完全拒絕，根本排斥，不給人任何機會的兩極化狀況。所以紫殺坐命的人在自有的推銷術上只有三十分的成績。在被推銷的狀況上也是只有三十分的成績。

紫殺坐命的人在『命、財、官』、『夫、遷、福』等宮中有化忌、劫空出現時，自身的推銷術和被推銷的程度更差，自身的推銷術只有十分的成績。

因為破耗多，反而是極容易被推銷的人。在被推銷的容易度上會高達七、八十分。

紫破坐命的人

紫破坐命的人，是帝座與耗星同坐命宮的人。一生中主破耗多，所以在被推銷的容易度數上是特別偏高的人。會達到八、九十分之多。

紫破坐命的人，雖然本性剛強，不太容易相信別人，多疑善感，又喜報復。但是他們喜歡物質生活的享受，福德宮是天府。其夫妻宮是空宮，有廉貪相照，這是一種在情感、情緒上表達拙劣的方式，他們常有獨樹一幟的驚人之語。思想正派的人，常是無法接受他們的言行模式，也無法認同他們的思想觀念的。所以他們最好的朋友應該是天相坐命者和巨門坐命者。可推銷的對象也是這兩種人，天相坐命者是個能勤勞付出的老好人，會對他奇特的言行感興趣和容忍損失，並可容忍其所製造的麻煩。巨門坐命的人是暗星、隔角煞坐命宮的人，他們一生是非不斷，習以為常，對於紫破坐命者奇異的言行會有認同感，因此願意接受紫破坐命者的推銷。

紫破坐命者因為命格很強勢，對於太陰、天同、天府、天機、天梁等命宮溫和弱勢的坐命者，都會具有很強的說服力，可展現極強的推銷能力。但他們所推銷的物件多半是品質有瑕疵，或是利用率偏低、不實際、不見得好用之物品。他們在理念上的推銷術是極差的，也無法做高層次的推銷術。因此紫破坐命的人做的工作多半是一般的業務員，用傳統式的推銷術唬弄一些買一般生活商品的小客戶罷了。

紫破坐命者若『命、財、官』、『夫、遷、福』中有羊陀、火鈴、化忌、劫空的人，本身所擁有的推銷術更差，無法做成功自我推銷的工作，其能力只有十分左右的成績，就連命宮中有破軍化權和紫微化權的人也是一樣推銷術不佳。因為會有羊陀、化忌在財帛宮或官祿宮。同時他們會產生耗財多，自己被推銷到不好的東西的狀況。

天機坐命的人

天機坐命的人，都是性格善變，自以為聰明的不得了的人。外表看起來好似溫和，但內心脾氣急躁，喜歡運用小聰明、強辯、自以為圓滑但並不為人完全接受的方式來做推銷的活動。他們一生的是非都會比較多。

天機坐命子、午宮的人

天機坐命子、午宮的人，因為命宮對宮遷移宮裡是巨門星，一生中環境裡就是爭鬥多、是非紛亂的環境。他們也喜歡淌混水，在紛亂中混水摸魚，因此倘若周遭有人在推銷東西，他一定會軋上一角，湊湊熱鬧的。

天機坐命子、午宮的人也喜歡自己去試試推銷的樂趣，證明一下自己推銷的能力。但這種推銷術只是玩票性質，他們並不會把心思完全放在推銷工作上。他們是善變的、三分鐘熱度的，熱度一過便會失去推銷的興趣了。同時他們在被推銷的接受度上也是人云亦云的，看到大家搶購某一件商品，他也要去搶。人家說什麼東西好，他也會湊和著搶著，接受被推銷，是聰明有餘，自制能力不足的人。

天機坐命子、午宮的人，本命天機居廟，財帛宮是同梁。官祿宮是太陰。夫妻宮是太陽。福德宮是空宮有同梁相照。尤其以『命、財、官』和『夫、遷、福』比較起來，命坐午宮的人會比命坐子宮的人命好。因為命坐午宮的人，有日月皆旺在夫妻宮和官祿宮，所得的財也比較多。而命坐子宮的人，因有『日月反背』的格局在夫妻宮和官祿宮，心中感情的舒發不順利，也影響一生的幸福和財運，並且代表智慧的官祿宮是太陰陷落。代表內心情緒智商的是夫妻宮，有太陽陷落，根本就無法體會在自己生存環境中眾人的心思，當然推銷術是極差的，所得的錢財也少了。天機坐命午宮的人，因代表智慧的官祿宮是太陰居旺，代表內心情緒的夫妻宮為太陽居旺。其人智慧比較高而含蓄，心胸較開朗，可以稍為掌握一點推銷術，使自己的生活變好、富裕。

天機坐命的人基本上都是『機月同梁』格的人，以薪水階級為主，是故他們擁有的推銷術是很浮淺的，最多只不過吹噓一下自己的才能，看看是否能得到加薪、升級的職位而已，普通來說是沒有大用處的。

天機坐命丑、未宮的人

天機坐命丑、未宮的人，是命宮居陷位的人。普通來講他們的智慧也許不能比命宮居旺居廟的人來得高，但與一般人比較起來智商仍不算低。他們屬於精靈鬼怪，會想一些平常人無法搞得懂的問題。有時候也會走火入魔，成為思想怪異，煩惱多而常做錯事的人。

天機坐命丑、未宮的人，其遷移宮有天梁居旺，表示一生之中都有長輩在扶持照顧他。所以他常可任性、撒嬌、享受長輩寵愛他的福氣。

天機坐命丑、未宮的人，命格中也是『機月同梁』格，是做薪水階級、公務員的料。其人的財帛宮是天同，官祿宮是巨門，夫妻宮是太陽，福德宮是太陰。此種命格的人和前述的命格一樣是喜歡湊熱鬧，本身並沒有堅強實力去展開推銷術的人。他們比較喜歡爭奪在長輩面前獲得寵愛的機會。因此他們適合去做老年人、銀髮族的商品推銷，會有不錯的業績。不過他們好像並不知道可以這麼做，故很少有人去嚐試。

天機坐命丑、未宮的人，很容易就被人推銷了一大票商品，因為他們喜歡新奇、新鮮，又愛湊熱鬧。父母給他的優渥的生活環境，讓他們有能力來破耗，所以他有時也會用接受朋友推銷的東西來聯繫朋友關係。因此在被推銷上，他的接受程度是很高的，有八、九十分高。

天機坐命巳、亥宮的人

天機坐命巳、亥宮的人，是本命居平位的人。他們也有許多小聰明，命格也屬於『機月同梁』格，對於推銷商品沒有太大的興趣。因此推銷術不算太好。

天機坐命巳宮的人，對宮有居旺的太陰星，表示周圍生存的環境中是溫和、柔美、能體察感覺別人心意、財多的環境。而天機坐命亥宮的人，對宮的太陰星居陷，表示所處的環境中之是不夠溫和、柔美的，也無法感覺別人心意，財也甚少的環境。他們都有很好的父母宮（是紫微）、夫妻宮（是陽梁）、子女宮（是武相），所以他們人生的福氣和生活重心就在家庭之中，並不是在工作上和錢財上。

天機坐命巳、亥宮的人是喜歡察言觀色的，但是他所關心的事只是以自己本位為中心，想探究自己在周遭環境中和在長輩的心目中受寵愛的程度，在工作和賺錢上並沒有企圖心和上進心。因此就連他推銷自己也只是作為爭寵的小把戲，是談不上有什麼推銷術的。（以其人的財帛宮是同巨，官祿宮是空宮就可看得出來奮鬥力量不足）。

天機坐命巳宮的人，夫妻宮是陽梁居廟，心地是開闊、爽朗的，很容易接受別人送上門來的推銷品，並且不加思索的買下它。天機坐命亥宮的人，夫妻宮也是陽梁，但太陽居平，天梁居得地之位。他的心地就沒有那麼開朗了，他會想得比較多，對於別人前來推銷的東西會挑剔一番，貨還是會買，但是狀況沒有前者順利，算是被推銷的接受力不是很強，只有五十分罷了。

天機坐命者若是有化忌、劫空、羊陀、火鈴在『命、財、官』、『夫、遷、福』六宮位的人，本身不具有推銷術。在被推銷的接受度上也常有是非波折而不順。

機陰坐命的人

機陰坐命的人，是天機智多星和太陰財星同坐命宮的人，兩星同宮時天機只在得地剛合格的旺度，而太陰在寅宮居旺，在申宮居平。因此機陰坐命寅宮的人，是命格較佳，本命中財多一些的人。

機陰坐命者有天機坐命者的聰明、善變、多機巧，也有太陰坐命者的溫柔、多情，他們善用感覺去與人交往。他們更喜歡運用傳統式推銷術去與人交往。但是因為夫妻宮是太陽，命坐寅宮的人，夫妻宮的太陽居陷，無法確實瞭解別人的心意，只是用猜測的方法來推銷，有勝有敗，無法十拿九穩。命坐申宮的人，夫妻宮是太陽居旺，這是本命財少的人，一生重心在於家庭，因此根本不會想到做推銷的工作，既使做也做不好。因為心態大而化之，無法細心體會出推銷術的確切方法。

機陰坐命的人常做業務員、業務開拓的工作，但他們始終是薪水族。所使用的方法也是保守的、傳統的方法，無法開創大格局，或做較大資財、產能的推銷術，一般是停留在保險業、仲介業、買賣業中為人所僱用。因為他們做生意都不行，會有破耗之故，所以其推銷術並不算好。

機陰坐命的人，遷移宮是空宮，有機陰相照，是多變化起伏的環境。福德宮中又有巨門陷落，一生是非糾纏很多，本命之『命、財、官』是『機月同梁』格。其人容易貪小失大，在被推銷的狀況方面，因朋友宮不好，廉殺入宮，常被人強行推銷，又因為其人善變，也會出現一些被人推銷商品後又反悔的狀況，而引起是非糾紛。所以他們在自身所擁有的推銷術方面和被推銷的接受程度上都是有瑕疵。

機巨坐命的人

機巨坐命的人，是口才非常犀利，人緣並不好的人。他們很不屑於推銷物品，所以不會去做業務員、推銷員之類的工作。若一定要他去做推銷理念和推銷物品的工作，其成功率只有百分之五十。因為他會毫不客氣剛愎自用的用自己的方式去表達推銷，這完全就要靠運氣了。有些人會被他說服，有些人則會討厭他而拒絕。

機巨坐命者自視頗高，心高氣傲，會以自己的專業知識做後盾來推銷自己，達到升官、升職的目的。平常他們是批評多過實際的行動，是較難展現推銷術的。

機巨坐命者本命也是『機月同梁』格，是薪水族的族群，他的夫妻宮是太陽、太陰。在情緒上極易善變，也很容易不愉快，對人沒有信心。他的遷移宮是空宮，有機巨相照，這是一切在空茫之中而處處隱藏著多變、多是非危機的一種環境，因此在他的心境上造成一種壓力。他從不輕易的接受別人的推銷，所以是被推銷接受力很差的人。你也許會和他辯論三天三夜，仍無法賣出東西給他，遇到這種人，你還是少浪費時間了。因為他的專業常識也許比你還專精，你根本無法說服他。

機巨坐命者多半身材高大。若命宮或對宮有擎羊星時較矮小瘦弱，而且有下巴較尖的臉型。這種人非常好認，看到他們就退避三舍吧！而命宮有擎羊星的人，會奸詐有餘，思慮不足，若以小利吸引之，仍然有推銷物品給他的空間。

機梁坐命的人

機梁坐命的人，是非常喜歡推銷工作的人。他們天生沒有太大的心機和頭腦，喜歡說話，常以為只要賣弄一下口才，用嘴說說，就可湊和一樁生意，是何等輕鬆的事情，因此特別中意推銷工作。但是在整體的推銷術來說，仍是處於傳統的、原始性，沒有程序規則的推銷術。也往往是未經規劃、策劃，而隨意碰上人便施展說話本領，強欲推銷物品的人。因此有時會遭人白眼以待。

機梁坐命的人都有小聰明，喜歡聊天說地，也喜歡搞關係，講八卦新聞，並且在八卦話題中找尋賺錢的機會。他們也是『機月同梁』格的人，是薪水階級的主流。所以他們多會投入保險業、仲介業、或做業務工作，推廣產品。

但工作層級不高，所賺的錢財也不多。

機梁坐命者的財帛宮是同陰，坐命辰宮的人財帛宮為同陰居旺，比較有錢，坐命戌宮的人財帛宮的同陰居平陷之位，金錢運極差。此命格的人的官祿宮都是空宮，有陽巨相照。表示真正在工作上的智能是不夠的。他們的遷移宮也是空宮，本命亦不主財。夫妻宮是陽巨，表示他們並不清楚別人的心中想法，是靠口才引起話題，或製造一些是非問題來做為推銷的手段。他們的福德宮也是空宮。所以『命、財、官』、『夫、遷、福』六宮中的星曜來斷定機梁坐命者只是賣弄小聰明的人罷了！根本就不具有好的推銷術。

在被推銷的接受度方面，機梁坐命的人也會以人云亦云的方式在湊熱鬧當中，接受別人推銷的商品，或者是以貪便宜的方式來接受別人的推銷。所以只要用這兩個方式就可對他推銷成功了。

太陽坐命的人

太陽坐命的人，因命宮所在宮位的不同，有旺、有弱，分成六種命格的人。例如太陽坐命子宮、太陽坐命午宮、太陽坐命辰宮、太陽坐命戌宮、太陽坐命巳宮和太陽坐命亥宮等六種命格的人。

太陽坐命的人都是有寬大胸懷、有博愛之心的人。不會記恨，心地開闊也常會原諒別人，不與人計較是非得失。一般說起來脾氣都還穩重溫和。太陽是官星，太陽居旺坐命的人，大多數具有好的事業。會在事業上求表現。但是他們是不具有推銷術的人。你若要他去推銷商品，他寧可自己買下，也不好意思去開口求人來做買賣。

太陽坐命的人，很多人能在命格中形成『陽梁昌祿』格，可在公家機關中做公職，算是薪水階級的人。他們就連推銷自己、推薦自己去謀取升官之位都常感到不好意思。因此是個完全不懂得推銷術的人。並且在別人對他進行推銷之時，他也會不好意思拒絕，常勉為其難的接受了推銷品。雖然心裡會很不舒服，但寬大的心胸，很快便忘記了。

太陽坐命子宮的人，太陽坐命亥宮的人，太陽坐命戌宮的人，這三種人都是命宮居陷的人，太陽陷落無光，當然心情就比較沉悶不開朗，而且喜歡躲在人的後面，不愛出風頭，也不愛表示意見。如此的人做推銷工作就有很大的困難度，而且他們羞於開口向別人推銷物品。這是本身在觀念上就有不認同推銷角色的問題，所以不願意去做。當他們想要爭取某個職位時，也不好意思明講，只會在那裡乾著急，發自己的脾氣，弄得周圍的人莫名其妙。不過你要推銷東西給他，只要略施磨功，他的接受度很高，因為不知如何拒絕，只好買了。所以常常做冤大頭的就是他們。

太陽坐命辰宮的人，太陽坐命巳宮的人和太陽坐命午宮的人，這三種命格的人，都是太陽居旺命宮的人。性格也像太陽一樣光明磊落，又開朗、寬宏、快樂的。但是他並不精於推銷術。若有人偶而請他幫忙推銷，他們便會用高昂的聲調吆喝一聲，買不買全憑人家，他是不會再多說一句的。可是這種幫忙的事只是偶而為之，他是根本不喜歡做推銷工作的。既覺得不好意思，也覺得不高級。

太陽居旺坐命的人，在謀取職位，或做政治性、政策性的推銷時，也是聽天由命的方式。認為自己的能力好，別人自然會請他做高職位，自己的政策好，別人也一定會認同。倘若天不從人願時，他會有些驚訝、有些鬱卒，但事情過了就算了，也不會記恨。前台北市長黃大洲先生就是太陽坐命巳宮的人。

太陽居旺坐命的人，在被人強力推銷物品的時候，要看是什麼人來推銷了。若是不熟的人，他會老實的說出心裡的感受而拒絕。不會像太陽居陷坐命的人照單全收。若是熟識的人來推銷，他便會覺得有交情應該照顧熟人的生意一下，而接受。

太陽坐命的人，夫妻宮都有一顆天同星，代表內在的感情思想是溫和、天真而單純的。是想與人為善，不想使人難堪。在他們的遷移宮、財帛宮或官祿宮中都有一顆巨門星，表示在他的周遭的環境中，不論是生活的環境、賺錢的環境、工作的環境都是爭鬥、是非多、紛亂的。外面的人多奸險，比他聰明、機巧的多。太陽坐命的人是大方又耗財的人，因為搞不過外面這些厲害、多是非的角色，所以耗財。幸而有這種人，才消耗了許多的推銷品，否則東西真的賣不出去了。

太陽坐命的人命宮有擎羊星的人或是『財、官、夫、遷、福』等宮有擎羊星的人，很積極權謀，想推銷自己，但技術不佳，不容易成功。

陽梁坐命的人

陽梁坐命的人，是太陽官星和天梁蔭星及貴人星同坐命宮的人。

陽梁坐命的人，既有太陽坐命者寬大為懷的心胸和好脾氣，也有天梁坐命者喜歡做老大，愛照顧自己人的氣派和私心。所以有這些個性的人，都是本身推銷術不大行，而成為被推銷對象的人。

陽梁坐命者的夫妻宮是同巨，表示內心的感情思想是溫和、懦弱，希望能擺平很多事，讓大家都好，但是是非交戰，卻總是什麼也弄不清楚的人。

平常看陽梁坐命者都是大氣魄、大手筆，說話做事穩重威嚴、一言九鼎的。但是在職場上的鬥爭中常落敗。就是因為『推銷自己』的推銷術不好，心又不夠狠，常有婦人之仁的結果。其官祿宮為空宮，有同巨相照，可為證明。

陽梁坐命的人，常是自己心理嘔氣，但又表現得很阿莎力、大方不計較。因此對於別人前來強力推銷人、事、物時，非常煩惱，又不好拒絕。萬分痛苦。但是在他工作的環境中又都是這些明爭暗鬥的人，須要靠他的協調處理。所以他的座右銘是『吃虧就是佔便宜』。以此來安慰自己。

桃園縣長劉邦友是空宮坐命有陽梁相照的人，基本上也屬於陽梁坐命的人。就是因為工作上擺不平別人的推銷，而害了自己的性命。

陽梁坐命的人，都有官貴，會做公職，走官途。但是他們有自傲的心態，不喜歡求人。當然也不屑於推銷自己。所以他會很大膽的直接向上司去要求那個職位。要不到也不會再爭。他也會拼命做事來等待機會降臨。很少會去經營推銷自己的事情。有人若要推銷商品給他，多半也會得到他的資助。這是他喜歡照顧人的天性使然，並不是別人的推銷術有多高明。

陽梁坐命的人，『命、財、官』、『夫、遷、福』中有擎羊星的人，喜歡權謀，好為自己推銷，但不易成功。有化忌、劫空、陀羅的人，更是不明瞭推銷術為何物？也很難為自己推銷，只有耗財的份了。

日月坐命的人

太陽、太陰坐命的人，就是日月坐命的人。日月坐命丑宮的人主財。日月坐命未宮的人主貴。日月坐命的人，都有性情溫和善變，情緒起伏很大。他們的夫妻宮是天同居廟，表示其人很溫和、單純，常常絲毫不懷疑別人的用心。他們在競爭力上不是很強，自我推銷的能力也不好，他們的推銷術很差。也不屑於做推銷的工作。他們是『機月同梁』的人，會做薪水階級。命格中有『陽梁昌祿』格的人，會有高學歷、做高職位的工作，按步就班，一切很平順，他們也從來不想推銷自己。

日月坐命的人，『命、財、官』、『夫、遷、福』有擎羊、陀羅、化忌、劫空等星的人，偶而會有想爭強，想推銷自己，要些推銷術的小聰明技巧，但結果都是不理想的。因為他們在思想層次中對如何推銷十分無知，所以做不好。

日月坐命的人在接受推銷方面，也是一個麻煩型的人物。倘若你用好口才，便很輕易的將物品推銷給他了。但是由於他的心情、思緒的反覆無常，他會一會兒不想買了，一會兒要退貨、退錢，一會兒又提出許多雞毛蒜皮的問題，反反覆覆的。最後前來推銷的人煩透了，便丟下東西不再理他了，他便自怨自艾又很自責的接受了這個物品，但心中想這個物品一定是不好的，所以別人是用欺騙的手法來推銷的。

日月坐命者的心情反覆無常，常拿不定主意，也無法相信別人。常在別人向他開始遊說推銷的過程中，他是開心又極容易被說動的。但是在決定買下商品之後，就常存在於不愉快、反覆煎熬的情境之中了。這是他們本性中就有不乾脆的性格使然。愈不想受騙而愈會受騙了。

陽巨坐命的人

陽巨坐命的人是太陽官星和巨門暗曜同坐命宮的人。陽巨坐命者喜歡說話，也喜歡從事推銷業。很多人都會從事口才工作的職業。例如保險業、仲介業、房地產買賣、汽車推銷員、教師等行業。他們是十分喜歡向別人展現自己推銷能力的人。

陽巨坐命的人，命宮坐於四馬之宮位，故喜奔馳。又因命宮內有巨門暗曜同宮，喜口舌爭辯之事，不喜勞力操作之事，故傾心於用口舌推銷賺取錢財之職業。

陽巨坐命者的財帛宮、遷移宮、官祿宮、僕役宮都是空宮，因此他們是在一種茫然的環境中摸索著去賺錢的。財帛宮是空宮有機梁相照。機梁亦不主財，所賺的錢極少，是薪水階級的模式。遷移宮是空宮有陽巨相照，這表示是身處一種開朗、不用心、是非很多，吵吵鬧鬧的環境之中，官祿宮是空宮，有同陰相照。坐命寅宮的人相照的同陰居旺，表示在空茫不實際的事業中仍可得到一些錢財，這種錢財是屬於略微懶惰不積極的錢財。同時也代表其人在智能上也是空茫、不太用腦筋，只想偷點懶，靠別人來疼愛，給點好處的心態。

我們看陽巨坐命的人的夫妻宮是同陰，就是想安享別人所給的好處，而他自己只要去細心觀察別人的動作、心思，去察言觀色就好了。並不會積極努力在自己本業上，或是積極努力增加自己的智慧上。

陽巨坐命申宮的人，夫妻宮的同陰是居陷位的，這種狀況更加嚴重了。所以陽巨坐命者的成就，很少是高的。並且他們所運用的推銷術都是層次極低，在是非紛亂中尋得一些賺錢機會可資生活的方式。這種推銷術當然是談不上高明的推銷術了！

陽巨坐命的人，在命宮、遷移宮、財帛宮、福德宮有陀羅星的人，更是是非糾纏嚴重，本身也智慧低落，無法具有好的推銷術的人。若是夫妻宮、官祿宮有擎羊星的人，是內心多奸詐，多思慮，對人情世故不瞭解，判斷常出錯誤的人，更是很難掌握到好的推銷技術的人了。

倘若『命、財、官、夫、遷、福』有化忌、劫空同宮或相照的人，也是一樣無法具有推銷理念，也不具有人情世故的人緣和機會，當然推銷術也是一點都沒有的了。若再從事有關推銷的行業，只會時常白忙一場，一生都不順利。

武曲坐命的人

武曲坐命的人，是正財星坐命的人，因為財星有吸引、匯集的力量。會吸引、匯集錢財，故一般說起來，武曲坐命的人都具有極高層次的推銷能力。

武曲坐命的人對錢財特別具有敏感力，他知道到那裡去賺錢、用什麼方式去賺錢，可賺到最多的錢財。當然在賺錢的行動之中，他首先會體會出如何讓別人信服，如何讓別人心甘情願的拿出錢財來讓他賺。由這個方式中我們就可明瞭此人是具有多高手段的推銷術了。

武曲坐命者的遷移宮是貪狼居廟，代表有無限的好運正等待他去開發。

而且人緣上的機會是十分圓融的。其財帛宮是廉相，代表其人在賺錢和整理財務上是用平穩、認真、一板一眼的方式在處理和錢財相關的事物。官祿宮是紫府。代表其人是用高智慧、富裕的理念做推廣、推銷自己經營能力的理念。在官祿宮有紫微帝座和官星。又有天府這顆財庫星，自然在事業上的成就會很高，財富的獲得也最多，其人的智力也是最高層次的了。

武曲坐命者的夫妻宮是七殺居廟。代表其人的內在感情、情緒就是十分直接，埋頭苦幹、剛直、強勢、不理會是非糾葛，是只拚命努力在自己的成就之上的人。

凡是『命、財、官』、『夫、遷、福』等宮位中有『殺、破、狼』的人，都是具有高層次推銷術的人。因為他們非常知道自己想要得到的是什麼？要如何得到？只有靠自己敏銳的感覺能力去尋找方向和人際關係，所以他們會找到最適用、最高級、精明的推銷方式，讓別人很放心、很心服的把錢財拿出來，而達到推銷術致勝的結果。

武曲坐命者就是上述這種人。而更重要的是武曲坐命者的僕役宮（朋友宮）是太陰星。代表其人在選擇朋友時，就會很用心，會用細膩的情感去體會朋友之善惡，相互來往之間的感情親密度，從而分出等級出來，而加以運用。他也會在最佳的時機來運用這項人際關係的資源，絕不會向不可靠的人施展推銷術，所以武曲坐命者推銷術之所以成功，在人情世故中的觀察努力，也是佔有極高比率而成為成功原因的。

武曲坐命者推銷術層次很高，能成就大事業，命宮有武曲化權和武曲化祿的人，不但可獲得豐富的財富，也可將推銷術用在其他政治性、國際之間的事務上。因此所成就的事業可造福億萬的人。這就不是一般小市民只求溫飽所施展的推銷術可比擬的了。

通常財星坐命的人賺錢都比較容易，好像別人都願意給他賺。很多人不明瞭這是什麼原因，這就是財星坐命的人會從各種層面來瞭解別人的內心想法，而具有高明推銷術的原因。

武府坐命的人

武府坐命的人，是正財星與財庫星同坐命宮的人。此命格的人只要『命、財、官』、『夫、遷、福』沒有化忌、羊陀、劫空，就會是一個具有高水準推銷術的人。命宮若是有武曲化祿、武曲化權，其人有更高超的推銷術，更能以此增加財祿和事業上的成就。

武府坐命者的遷移宮是七殺，這種一種凶悍的，必須親自用血汗努力去打拚，去不停的辛苦工作的環境。其財帛宮是廉貞。表示其人賺錢方式就是必須用盡心機和頭腦去不停的策劃、經營才會得到很多的錢財。其人的官祿宮是紫相。表示在智能和工作環境中都保持一定穩重和諧的水準。他的智能並不一定特別高，但很有自知之明的選擇了平順、穩定、技術性，具有相當地位的工作。所以他們在表面上看起來並沒有施展什麼高竿的推銷術，但他所運用在工作或生活上的態度就是一種高級的推銷術。

武府坐命者的夫妻宮是破軍。代表其人內心的情緒思想是可隨時應變及改變的。可因地或因事置宜，可順應事件的變化而改變自己的策略。並且是勇往直前的邁進，義無反顧，所向披靡的。他們的福德宮是貪狼星，由此就可看出，他們的企圖心之強盛了。福德宮有貪狼星代表本性的貪心、貪赧，常覺得不滿足，因此會不斷的研究改變自己的策略，想要獲得更多、更優良的錢財和利益。這就是他們本身所具有超強推銷術的功力來源了。

事實上，貪狼星無論是出現在『命、財、官』、『夫、遷、福』等六個宮位都會具有貪赧的特質，因為有此特質，就會往前衝，永不想停止，並且貪狼星也是好運星，除非居陷，通常都有無限好運，因此他們也善於研究策略，而達到自己想望的境地，因此也創造出更完美高超的推銷術出來。

武貪坐命的人

武貪坐命的人，是正財星和好運星同坐命宮的人。同樣是只要『命、財、官』、『夫、遷、福』六宮位沒有化忌、羊陀、劫空的人，是肯定具有高超推銷術的人。有上述這些煞星的人，推銷術就差遠了，也體會不出賺錢和做事的方法了。有羊陀在上述宮位的人，推銷術要打折扣。

武貪坐命的人，縱然是有化祿、化權在『命、財、官』、『夫、遷、福』中也要看是不是有化忌、羊陀、劫空在上述六宮之中，若有煞星在上述六宮，也是推銷術要打折扣、不算靈光的人。

武貪坐命者的遷移是空宮，運氣雖好，財運雖旺，但外面的環境是一片空茫，除非遷移宮有火星、鈴星進入，會增加運氣的快速運轉，成為雙重暴發運，否則還是不算好的環境。

武貪坐命者的財帛宮是廉破，雙星皆居平陷。表示其人在管理錢財方面是一大漏洞，必須補強。其官祿宮是紫殺。表示其人的智能和工作態度是一種智能不高，而以流血、流汗、勇往直前的打拚方式而獲得平順或較高職位工作的。

武貪坐命者的夫妻宮是天府，表示其人的內心情緒、思想是穩重、富裕、很頑固、一板一眼的在這麼一個富裕的心態下來看事情，本身又具有打拚努力的精神，自然是前途一片光明的了。所以武貪坐命的人，永遠都有鬥志，永遠都有奮發的企圖心，會用善心、富裕的心態去體會測量別人的心理問題，而達到運用一切的方法使之接受自已的推銷術。所以武貪坐命的人想要說服別人，由他本身所散發出強悍的、好運運氣的特質就能吸引別人，讓別人信服了。他們本身的特質就是一種高層次的推銷術了。

武破坐命的人

武破坐命的人，是武曲財星和破軍耗星同坐命宮的人。因財星和耗星皆居平位。這也是『因財被劫』的格式，財星被耗星所劫，是故不主財、財少。也因此他們的推銷術是有問題的推銷術了。

武破坐命者的遷移宮是天相居得地之位，表示外在的環境就是一個剛好可過生活，非常穩定不算富裕的環境。其財帛宮是廉殺，這是一種不會用太多腦筋，純以辛苦勞碌的血汗來賺取的錢財。其官祿宮是紫貪，表示其人的智能在掌握好運機會時，並不強，只是把智能用在平順祥和方面致力較多。他們講究事業上的競爭，但是武破坐命的人，以從軍職為最佳出路，也就是說他們所擁有推銷術，在軍職中用來推銷自己做為升級、升官的利器是綽綽有餘的。但是此等推銷術是不能用在商業和政治上的運作的，會有極大的破耗而得不償失。所以說武破坐命的人之推銷術是有分類、等級的推銷術，有利於推銷自己的功績，但不利從商得財的。

武破坐命者的夫妻宮是空宮，代表內心的主觀意識模糊空茫，必須有很好的中心思想，才能做具體的規劃來實行。所以夫妻宮中最好有次級主星進入較會有中心思想。夫妻宮中有火、鈴的人，和官祿宮的貪狼相照，會是有暴發運。同時也具備了偶然出現，來去匆匆的推銷術。但此推銷術的方式並不長久。也就是說此人在暴發運出現時會特別聰明也忽然開了竅，精通了一些推銷術的方法，並且也做成功幾件推銷的事件。但是暴發運一過，此人又完全失去了推銷的能力，在人緣和情緒智慧上又找不到方向了。

武破坐命的人，若夫妻宮有文昌星時，表示其人是自傲、精明計較的人，也具有視利的色彩，會選擇對象來施行自己的推銷術。若夫妻宮有文曲星時，會喜愛說話來表現、炫耀自己，在對象上並沒有選擇性，推銷術是稍為高明一點的人。若夫妻宮有左輔、右弼時，其人在性格上非常具有同輩朋友之緣份，對同輩朋友和年紀輕的人具有說服力和推銷能力。

武破坐命的人，在『命、財、官』、『夫、遷、福』六宮位有化忌、羊陀、劫空同宮或相照時，對人緣會有影響，對本身的推銷術也影響甚大，不容易成功。武破坐命者在接受別人推銷程度上，雖然他們很有個性，但因破耗多、對錢財的觀念薄弱，接受度是很高的，只要你能說出一個理由，他便一定會購買了。

武殺坐命的人

武殺坐命的人，是武曲財星和七殺殺星同坐命宮的人。因武曲居平又被殺星所劫，故是『因財被劫』的格局，這是十分不具有推銷術的命理格局。

武殺坐命者的性格剛直，只知埋頭苦幹，用身體勞動式的努力去賺取錢財，在智慧、策劃上的能力較弱。其遷移宮是天府居得地之位，表示環境是中等可剛夠生活的優渥。必須勤勞，一板一眼的工作，才能得到的優渥生活。其財帛宮是廉貪，雙星俱陷。表示在錢財的獲得上不會營謀，也不會運用人際關係來達成賺錢的目的。其官祿宮是紫破，武殺坐命的人從軍警職是最適當的職業了。官祿宮有紫破，並不代表智力高超，而是一種用體力衝鋒陷陣、操勞奔波而掠奪財物的方式達到錢財穩定的謀生方式。

武殺坐命的人，性格剛直，對於營謀、策劃，多半是一竅不通的，而且恥於如此做。在人際關係上也不屑與善於營謀的人為伍。對於推銷自己和推銷商品覺得很困難。也認為這是別人才會做的事，在他來說，是做不到的，也不好意思去做。武殺坐命的人若要推銷自己的商品，他一定會用最辛苦勞碌的方式，到一個周圍親朋好友都不知道的地方去賣。而且也談不上推銷，只是等客人自己來買罷了。所以武殺坐命的人做生意做推銷員是不行的，縱使做了，業績也不會好。

武殺坐命的人，命宮有祿存或化祿時，會稍具一點推銷術，但精明度仍不高，事業上還是有困難的。

武殺坐命的人，『命、財、官』、『夫、遷、福』六宮位有化忌、擎羊、陀羅、地劫、天空時，其人推銷術是最差的了，根本也談不上有推銷術了。

天同坐命的人

天同坐命的人，是福星坐命的人，不論命宮是居廟、居平、居陷都是極愛享福的人。因此在內心思想中就喜歡動口不動手了。這可以從他的『命、財、官、』、『夫、遷、福』等六宮位都可找得到巨門星就可看得出來。例如天同居廟坐命巳、亥宮的人，官祿宮是機巨，而夫妻宮是空宮，有機巨相照。代表在他們內心情緒和思想模式就是善於巧辯，多變化機謀的。又例如天同居平坐命辰宮的人，其遷移宮是巨門居陷，環境中是非就多，而且是喜用口舌，但又口才不佳，會引起更多、更嚴重是非的人。又例如天同居平坐命卯宮的人，財帛宮就是巨門居旺，表示喜歡運用口才來賺取錢財，如此來說天同坐卯宮的人，是比較有推銷術理念的人了。

其他如雙星坐命的人，巨門星也會存在於『命、夫、福』等宮之中，這在後面會講到。先講天同單星坐命的人。

天同坐命卯、酉宮的人，在財帛宮有巨門星居旺，在官祿宮是天機陷落，在夫妻宮有天梁居旺，在福德宮有太陽星。在遷移宮有太陰星。由這些資料看起來，就知道天同坐命卯、酉的人，並不特別聰明，反而是智商並不高，心胸開朗、不計較。他是處在一個處處會體會情感濃度的地方，願意察言觀色，用溫和、不刺激的態度，來得到別人的同情、疼愛，故伸出援手支助他的方式來達成推銷自己，得到自己所追求的理念或利益。這也就是說天同坐命卯宮的人是用軟功夫，以退為進的方式達到推銷自己成功，當然這一招也是挺厲害的了。

天同坐命卯、酉宮的人，都是屬於『機月同梁』格的人，他們並不一定會去做推銷商品的工作，甚至於他們根本不喜歡去做推銷員，但是推銷術用在自己的身上卻是非常高招的。

天同坐命辰、戌宮的人，其財帛宮是天梁居旺，官祿宮是機陰，其遷移宮是巨門陷落，夫妻宮是空宮有機陰相照。福德宮是太陽星。

天同坐命辰、戌宮的人和前面坐命卯、酉宮的人，比較起來，也許聰明一點，智商高一些，但是所處的環境較差，是多是非爭鬥的環境。他們的夫妻宮是空宮有機陰相照，這是一種敏感又善變的心理問題。性格依然是溫和、寬厚、沒脾氣的人，在賺錢方面有貴人相助，但其人的情緒落差很大。雖然有時候也能察言觀色，但會自作聰明去毀了一些機會，所以天同坐命辰、戌宮的人之推銷術反而不及坐命卯、酉宮的人來得高超了。

天同坐命巳、亥宮的人，其本命居廟，遷移宮是天梁陷落，財帛宮是空宮有日月相照，官祿宮是機巨。夫妻宮是空宮有機巨相照。福德宮是日月同宮。由這些資料中顯示出來天同坐命巳、亥宮的人，雖然本身就是最旺的福星，但在環境中是貴人少，少人照顧的。他們在賺錢的方式上是一片空茫、不確定的。這也是由於內心情緒思想的起伏不定和糾葛所致，在工作上也多是非變化。

天同坐命亥宮的人，福德宮有日月同宮，其中太陰是居旺的，表示他稍具一點敏感力。天同坐命巳宮的人，福德宮的日月中，太陰是居陷位的，表示他在人情世故方面是根本不具有敏感力的。他們既然有這樣的問題，當然得不到環境中長輩或貴人的幫助。也因為在人情世故上不具有敏感力，也不會想得到用什麼方法來推銷自己或推銷商品了。並且他們也屬於『機月同梁』格，是薪水階級的人，也就不善於推銷術了。

可是天同坐巳、亥宮的人也有例外。若是命宮中有天同化祿的人，或是『命、財、官』、『夫、遷、福』中有祿存、化祿的人，就會有渾然天成的推銷術。尤其是命宮中有祿星的人，又坐命巳宮，是雙祿格局，推銷術層次極高，是萬夫莫敵之勢，其本人的成就也會很高。別人會很樂意奉上生意或利益給他。他自己也是通達人情世故，特別聰明，且善於營謀之人了。

同陰坐命的人

同陰坐命的人，是天同福星與太陰（月亮）多情之星同坐命宮的人。同時，太陰也是財星。

同陰坐命的人除了本命中帶點財氣之外，『財、官、夫、遷、福』五宮中全無財星。因此在生活環境中是財運不算旺的人，環境中的財少，不帶財。命格主體是『機月同梁』格，只是以薪水階級來平衡生活用度的人。

同陰坐命的人，太陰存在於命宮之中，表示此人是善用內心的感覺去揣摩別人心意的。對於感情、人緣方面是很有敏感力的。但是由於『財、官、夫、遷、福』中都不帶財，所以在經濟的範圍之中和賺錢的領域裡，就無法掌握敏感度了。也可以說是對賺錢的攫取力量是較為遲鈍的了。

同陰坐命的人，財帛宮是空宮，代表空茫的賺錢技術，雖有陽巨相照，只是多是非糾纏，競爭力不強。官祿宮是機梁，天機居平、天梁居廟，智慧不高，只是用攏絡、牽扯察言觀色的手法來運用人緣關係。這是一個薪水族在普通公司、機構中常用的處世方法。其遷移宮是空宮，有同陰相照。其外界環境中也是空茫一片。而靠稍許的對人與人之間感情上的一點敏感力在悠遊生活。其福德宮是陽巨。表示在本身性格中是開朗少用大腦的，喜歡用口舌、熱鬧、頻頻在是非邊緣來討生活的人。

最後看同陰坐命者的夫妻宮也是空宮，有機梁相照。表示在其人內心世界中，情感的界定是空茫、不實際、沒有一定的方向的。只是常運用小聰明，又要靠機會、靠別人好心的幫助（貴人相助）才能順暢的局面。由此可見同陰坐命者的推銷術是可有可無的。對自己的幫助不大，推銷能力也常遭到碰壁的危險的。

同陰坐命的人，當『夫、遷、福』、『命、財、官』中有羊陀、劫空、化忌進入時，其人對感情上的敏感力也失去了，更無法體會出人際關係中的巧妙，也無法掌握帶動推銷能力的技術，因此推銷術是更差的，幾近於無了。

同梁坐命的人

同梁坐命的人，是福星與蔭星同坐命宮的人。同梁坐命時，有兩種命格，一種是坐命寅宮的人，天同星居平，天梁星居廟。表示是福星不強，蔭星較強的命格。另一種是坐命申宮的人，天同居旺，天梁居陷。是福星較強，蔭星失勢的命格。所以同梁坐命的人，在本命中就有瑕疵。

同梁坐命者的財帛宮是太陰，坐命寅宮者，命宮中有天梁蔭星居廟的人，財帛宮的太陰星是居旺的。表示他們在賺錢的技術上是善於察言觀色、能努力順應環境，而攫取到錢財的人。這種人的推銷術是以人緣關係做一個取財的首要工作。推銷術是層次較高一點的。

同梁坐命申宮的人，命宮中的天同福星居旺，財帛宮的太陰是居陷的。表示他們本身愛享福，努力奮鬥的能力差。在賺錢的技術上用的也是察言觀色之類的技巧。在人緣關係上的敏感度是極微弱不佳的，是故在賺錢方面推銷術也份外不好了。

同梁坐命者的官祿宮都是天機居廟，聰明度很強，又能應變，隨時轉換自己的身份角色。但是同梁坐命者的遷移宮是空宮，表示外界環境一片空茫，在這種環境中不管是多努力，成就也要打折扣的，因為空茫的環境中賺不到更多的錢的關係。

同梁坐命者的福德宮是太陽，夫妻宮是巨門居旺。表示其人性格開闊、少根筋，內心又是多疑、多慮，容易製造是非爭鬥、混亂的人。並且以是非混亂為樂，才有事做。

總結同梁坐命者的『命、財、官』、『夫、遷、福』的資料，我們可知道同梁坐命的人是稍具推銷術能力架構的人。坐命寅宮的人會比較高竿一點，命坐申宮的人，推銷術差一截。但是同梁坐命的人，是以製造混亂，再施展自己的口才，將之擺平的方式來做推銷術。而且本命格仍不脫『機月同梁』格的模式，是故其人的推銷術也是在一般公司中做推銷員為一個等級的推銷術，格局並不大。

同梁坐命的人，『命、財、官』、『夫、遷、福』中有陀羅、擎羊、化忌、劫空時，推銷術受到戕害，便在智能上和人緣上失去競爭力，而全無推銷術可言了。

同巨坐命的人

同巨坐命的人，是福星陷落和暗星陷落同宮守命的人。這樣一個命格的人，當然是自以為推銷術很好的人。但是我們只能說他是善於利用人，並不是有推銷術的人。

同巨坐命者的財帛宮是空宮，有陽梁相照。官祿宮是天機陷落，代表智能極低落，若是能賺到一點財，也是靠別人所賜，本身的賺錢技術是很差的。

同巨坐命者的遷移宮是空宮，生活環境中一片空茫，財少，看不見。其福德宮是陽梁，夫妻宮是太陰。表示善於運用在人際關係、人緣上的敏感力，去找尋對自己有利的事。

同巨坐命的人，一向都是工作做不長的。在工作上沒有奮發力，智能是

紫微推銷術

特別不足。我們可以看到他最好的宮位在朋友宮，是紫微星，就顯現出此人特別愛結交權貴和有勢力的人。他們是以什麼方式去結交的呢？就是用內心對別人做敏感的觀察，投其所好，藉以獲得別人的信賴，而巴結上有權勢的人，來增加自己的利益的。同巨坐命的人，什麼本領都沒有，只是會察言觀色，仰人鼻息。運用這個技倆，創造了自己的推銷術。

但是同巨坐命者的推銷術，因為只求個人利益，而且野心雖大，營謀和策劃的能力太低能、太不足夠了，很快就會被人看穿，而把他置於一個跑龍套、幫襯熱鬧的地位上。所以他們運用一些手法貪點小便宜是可以的，基本上也沒有人會認為他們是有推銷術。

同巨坐命的人在接受推銷方面，因為他本身有勢利的眼光，只要別人向他炫耀權勢、地位，而且有小利可圖，再不合理的事，再爛的商品，也可輕易推銷給他。你只要許他一個未來的希望便可以了。

廉貞坐命的人

廉貞坐命的人是囚星坐命的人。廉貞也是官星、桃花星，主政治，善營謀。基本上廉貞坐命的人不論自己的推銷術好不好，他的也會朝這方面去計劃、設計、營謀的。所以廉貞坐命的人，實際就是以推銷術過日子的人。

廉貞單星坐命時，廉貞是居廟位的，表示設計營謀的能力很高，他們又善於經營人際關係。因此更把握住推銷術的絕妙精華特點。

廉貞坐命的人，其財帛宮是紫相，官祿宮是武府，遷移宮是貪狼，福德宮是破軍，夫妻宮是七殺。其人的『夫、遷、福』等宮位坐於『殺、破、狼』格局之上。在生活型態和環境中就充滿了奮鬥、好爭、攫取、多變的機遇。在『命、財、官』等宮中，先天就是有對錢財、對人、對事物的敏感力。本身的智能很高，營謀、策劃的能力超強，會運用很好的手段把錢財平順、祥和的納入自己的財庫。這種人會在事業上賺很多錢，也很會打理財務，更瞭解如何運用人緣、財、智謀和自己的敏感力相互糾結起來，創造人生更高的成就。

廉貞坐命的人，本身性格就是政治鬥爭的產物。實際上推銷術就是一種高度政治鬥爭致勝的法術。廉貞坐命的人，既然擁有了這些天生的本錢，推銷術豈會不高呢？

我們常可從選舉活動中看到最實際的推銷術的實例。政治人物的推銷術是非常厲害的。得失成敗非常明顯。推銷術的優劣也可立竿見影的呈現在我們的眼前。勝者都是推銷術成功的人。敗者都是推銷術有瑕疵，不為人接受的人。在此次總統選舉中，幾個候選人全是命宮中有廉貞星的人，由此可見廉貞坐命者性格上的政治性、好爭鬥的內涵格局了。

廉貞坐命的人，若是『命、財、官』、『夫、遷、福』六宮中有化忌、羊陀、劫空的人，有煞星侵臨。推銷術就不好了。因為在某一個方面失去了敏感能力、營謀、策劃的能力也會直接受到傷害，而無法促就推銷術的成功了。

廉貞坐命者在接受推銷的心態上，是只要有利於自己的，便很大方的願付出金錢，接受推銷。此心態由他們的福德宮是破軍星就可看得出來，只要得到自己所想望的利益，就是花再大再多的代價，也不心疼的。因為有這種心態，所以也常常被人利用，而受騙或被擺一道。有時候他們會用利益交換的方式來接受推銷。因此，要推銷商品給他，最好先弄清楚，彼此利益的均衡點在什麼地方，同時也要弄清楚他的需求是什麼，就好做推銷工作了。

廉府坐命的人

廉府坐命的人，是因星與財庫星同坐命宮的人，所以他們是性格份外保守、小氣的人。廉貞居平，表示智慧不高。天府居廟，表示非常有聚財、守財的能力，會用保守的方法來守財。

廉府坐命的人，財帛宮是紫微。官祿宮是武相。『命、財、官』三方包括了財星、財庫星、帝座，會理財的福星天相，再加上智能不高的營謀之星。如此的命理結構，表示出其人對錢財的興趣較大。在智能與工作方面並不是很強的人。因為營謀、策劃的能力不強，其人的推銷術也不好。他是用人際關係的手段相牽連，再加上用利益交換的方式來達成推銷術。所以也是偶而會成功，又時常碰壁的人。碰到比他智慧高和不吃他那一套的人，就要碰壁了。

廉府坐命的人是小氣家族的成員，除非你有能力，有把柄可栓住他的脖子，否則別想把商品推銷給他。他會用各種藉口來搪塞。他的夫妻宮是破軍，代表其內心思想是一種不怕別人怎麼講他，非常大膽、臉皮厚的心態，通常他是向外攫取比較多，付出比較少的人。所以你別想讓他有慈善之心來可憐你，購買你的商品。你只有用不按牌理出牌的方式，用一種恐嚇性的方式，讓他有自我危機感時，覺得需要你時，才會接受你的推銷品。

廉府坐命的人，若『命、財、官』、『夫、遷、福』六宮位中有化忌、羊陀、劫空時，連那一點點運用人際關係，以及運用交換利益方式的推銷術都沒有了。當然外緣是更形困難的。

廉相坐命的人

廉相坐命的人，是因星和勤勞的福星同坐命宮的人。因為廉貞居平的關係，他在策劃營謀的能力上也是不好的。因為天相居廟的關係，他特別會守財，精於理財，算是在錢財上有敏感力的人。

廉相坐命者的財帛宮是紫府，官祿宮是武曲。『命、財、官』之中有兩個財星，又加帝座和福星，所以他是在溫和中，並不特別用什麼方法而施展平和的推銷術。他是在賺錢方面特別具有的推銷術。

廉相坐命的人，遷移宮是破軍居廟，外界的環境是紛亂、爭鬥肆虐的環境。前面說過，命宮中有天相星的人，都是來收拾殘局的。所以廉相坐命的人，也是如此，必遇是非爭鬥的環境。其福德宮是七殺，夫妻宮是貪狼。表示其人內心個性是用勞力肯拚的，而且具有貪心、貪赧的內心思想。在『夫、遷、福』一組的宮位中就顯現出此人企圖心之強，是善於施展推銷術的人了。

廉相坐命者的推銷方式是保守的、吝嗇的。他會從紛亂中、爭鬥中，找到自己的利益。表面上看起來他十分膽小，像個老好人。但是會扮豬吃老虎。最後得到利益的，多半是他。等到事情明朗化之後，大家才恍然大悟。所以說他的推銷術十分高明。廉相坐命者多半在金融機構、公職中服務，很容易就進入高階的管理階級，這就是他的推銷術的成功。

廉相坐命者，有擎羊在命宮或遷移宮時，形成『刑囚夾印』的命格，推銷術就不靈光了。並且在『命、財、官』、『夫、遷、福』等宮中，有擎羊、陀羅、化忌、劫空的人，也是推銷術有瑕疵的人，就談不上有什麼成就了。

廉相坐命者也是吝嗇又貪心的人，好財、好色。倘若你向他推銷商品，搭上這兩樣東西，便無往不利了。命格有『刑囚夾印』格局的人，更是貪污勝手，會犯刑坐牢。有化忌、劫空的人，貪也貪不到而惹官非。

廉殺坐命的人

廉殺坐命的人，是廉貞囚星與七殺殺星同坐命宮的人。他們會在身體上有一些問題，身體不好。因廉貞居平、七殺居廟，其人的官祿宮又是武破，故可看出他的智能平凡，是推銷能力不佳的人。只有靠本身流血流汗的打拼動力來實做、苦做，創造一些機會。

廉殺坐命者的財帛宮是紫貪，官祿宮是武破。在『命、財、官』三方宮位中，財星與耗星同位，是『因財被劫』的格式。好運星貪狼又居平和紫微帝座同宮，只是在平順中，享有一點賺錢機會罷了。他對於金錢的敏感力是不高的。

廉殺坐命者的遷移宮是天府，福德宮是空宮，有紫貪相照，夫妻宮是天相居得地之位。由『夫、遷、福』三合宮位中就可知道，此人在不顯著的性格中仍有貪赧的慾望。因為周圍的環境尚稱富裕的結果。不過呢？在他們內在的心態上，是以節儉理財，只求平順，自保型的想法，所以野心並不算大。

當然要運用推銷術就顯得沒有必要了。

廉殺坐命的人，是節儉、吝嗇的人，若要他接受你推銷的商品，不但價格要便宜，而且要附加很多贈品，再經過多次的討價還價，折衝之後才能成交。所以你一定要有耐心和肯給贈品才行。

廉殺坐命者在『命、財、官』、『夫、遷、福』六宮中有羊陀、化忌、劫空的人，是本身推銷術不佳，對別人推銷給他的接受度也不佳的人。他們會更吝嗇、更傷腦筋，反覆猶豫，勞心傷神於日常生活中的小事之中，生活型態也不好。

廉破坐命的人

廉破坐命的人，是廉貞囚星和破軍耗星同坐命宮的人。雙星皆居平陷之位。廉貞、破軍皆是煞星級的星曜，又居平陷，故本命是較凶悍、衝動、大膽的人。他們所具有推銷術的智能雖不算好，推銷術不算高明，但是敢拚、大膽又衝動，因此非常喜歡做推銷的工作。

廉破坐命者的財帛宮是紫殺，官祿宮是武貪。由『命、財、官』三方所代表的意義就是不用什麼頭腦智慧，只靠凶悍愛拚，再加上一點好運機會，形成了攫取錢財的方式。所以廉破坐命者的推銷術是談不上推銷術的，他們是用強取豪奪的方式去施展推銷技倆的。

廉破坐命者的遷移宮是天相陷落。福德宮是天府，夫妻宮是空宮，有武貪相照。由其『夫、遷、福』三合宮位中就可得知他們在環境中是不富裕、又不穩定的，只是剛好夠生活、生存的環境。但是在內心中或在性格裡就是愛計較、愛享福，把別人的富裕當做是自己的來享用了。所以說廉破坐命的人，通常對別人並不會用心去體會彼此的人緣關係，也不會營謀、策劃推銷策略。他要推銷自己或商品，就直接砲到對方面前，用強勢的言語、態度來推銷。當然常常看不到好臉色。但是他們也不會在意。下一次推銷還是用自以為老大的心態來推銷。他們跑得很勤快，做推銷的業績並不好。若說他們不懂得推銷術，他也一定不服氣。由此可見，此人固執的心態，要再學習也是很困難的事了。

廉破坐命的人，命宮和官祿宮有擎羊、化忌的人，推銷術更爛，且很陰險奸詐，但更得不到別人的認同。財帛宮、福德宮有陀羅星的人，比較笨，也無法體會出推銷術的精妙出來。夫妻宮、遷移宮有擎羊、劫空的人，一種是太陰險，一種是心思空茫，沒腦子，都是推銷術零分的人。

廉破坐命者因為內心對人多懷疑，接受被推銷物件商品的承受度也不高。不過你可用激將法使他們入殼。他們常因一時氣憤、衝動、不信邪而上當購買。廉破坐命的人本身破耗就十分嚴重，上當受騙的機會也很多，錢財總是存不住的。

廉貪坐命的人

廉貪坐命的人是廉貞囚星與貪狼好運星同坐命宮的人。因為雙星俱陷落，是故代表智謀、策劃及好運的能力都失去了。

廉貪坐命的人，其財帛宮是紫破，官祿宮是武殺。代表智能的官祿宮是『因財被劫』的格式，財帛宮又有破耗之星和紫微帝座同宮。如此一來，其人對錢的智慧真是不高了。

廉貪坐命者的遷移宮是空宮，福德宮是天相。夫妻宮是天府，由『夫、遷、福』三合宮位中顯示出來，此人外在的環境中是空茫一片，前景又十分暗淡的。運氣不好，智慧不佳。但是他們在本性中很會計較和算計。所以他會用利用別人來做一種推銷術。

廉貪坐命的人，在軍警界工作是最得心應手。若從文職、做推銷員和仲介業，真是有一搭沒一搭，有一票沒一票的天天鬧窮了。他們自以為自己很會說話，善於欺騙，常以為自己聰明，別人很笨。但發覺自己周圍的人都像他自己一樣，而善良好騙的人愈來愈少時，他自己也多少明白一點自己的推銷術並不是成功的推銷術了。

廉貪坐命的人是小氣、計較的人，錢只花在自己身上，也喜歡花在酒色財氣方面。倘若你要推銷東西給他，有回扣、喝花酒，便能和他稱兄道弟，蛇鼠一窩了。只不過他以後就黏上你，再也甩不掉了。

廉貪坐命的人，『命、財、官』、『夫、遷、福』中有化忌、羊陀、劫空的人，通常都是具有無賴的性格，做不了正經事。當然也談不上推銷術了。不過在被推銷的接受度上，依然是喜歡佔點酒色財氣之類小便宜的人。

天府坐命的人

天府坐命的人是財庫星坐命的人。天府在丑、未宮居廟。在酉宮居旺位，在卯、巳、亥宮居得地之位。天府是沒有陷落的。

天府坐命的人，財帛宮都是空宮，官祿宮都是天相星。只有天府坐命酉宮的人，官祿宮的天相居廟，智力是較高的。理財能力也較強勢。天府坐命丑、未宮的人和天府坐命卯宮的人，是次等聰明的人，理財能力也是次等好的。天府坐命巳、亥宮的人，智能最差，理財能力也是天府坐命者中最差的。

天府坐命者的遷移宮中都有一顆七殺星，福德宮當中都有一顆貪狼星，夫妻宮中都有一顆破軍星，『夫、遷、福』三合宮位中就是『殺、破、狼』格局。講起來他們應該有很好的推銷術。但是要看推銷術用在什麼地方？倘若用在錢財的聚集上，例如他要向別人去募集資金，這種和錢財有關的推銷術就容易成功。因為他的小心、謹慎、保守的態度是很得到眾人甚高評價的。別人會很信任他而投資。倘若他想升官或做自我宣傳性的推銷，其人的推銷術就不好了。他會抓不住重點，或找了不該找的人而功虧一潰。

天府坐命的人是公務員型的人，是固定薪水族的一份子。說他沒有野心是很難講的。他有野心，但是多致力於錢財之上。他無法突破這個心理上的障礙，他一定要有錢才有安全感。所以他的專業能耐就在錢財方面的推銷術上。

天府坐命的人『命、財、官』有羊陀、劫空時，對金錢上的推銷術也會有瑕疵而不靈了。在『夫、遷、福』中有化忌、羊陀、劫空時，一生會為金錢煩惱，在推銷術上更是絲毫沒有掌握的本領了。因為別人對他的理財能力也產生了懷疑，推銷術是更不佳的，分數極低的。

天府坐命的人對金錢十分計較，有些吝嗇。你若要推銷物件和商品給他，他一定會大肆殺價，並且要你解釋使用方法，還要做後續服務的備書，經過長時間、多次回合的交戰，才會成功。因為他不希望買到貴的、品質不佳或沒有保證的商品。所以他們是極具小心的人。

太陰坐命的人

太陰坐命的人代表月亮坐命的人。也就是多情之星坐命的人。同時太陰也是陰財之星，主田宅之富。

太陰坐命的人一生中主要都是以情感的濃度來體會、觀察、感覺別人。並且以天生敏感的感覺能力來做為生活中一切事物的主要依據。所以太陰坐命的人天生就有第六感做雷達，而且百試不爽，因此他們就更相信自己的感覺了。太陰坐命居旺的人，例如太陰坐命酉宮的人、太陰坐命戌宮的人、太陰坐命亥宮的人。都是在『機月同梁格』中推銷術較好的人。太陰坐命居陷的人例如太陰坐命卯宮的人、太陰坐命辰宮的人和太陰坐命巳宮的人，在感覺上敏感度較差，或對財感覺不出方向和位置，因此推銷術是較差一點的人。不過，他們的福德宮都有一顆巨門星，代表天生就有口才可說服人，本性中又不怕是非糾纏的爭鬥，他們會用軟功夫來化解是非問題。

在內心思想和心態呈現方面。太陰坐命卯、酉宮的人，夫妻宮是天機陷落，這是一種起伏善變、奸詐、詭異心態，他們把別人常往壞處想，也屬於較深沈、胸有城府、多焦慮型的人。太陰坐命戌宮的人，夫妻宮是空宮，有同梁相照，這是一種表面上空茫，沒有特別個性，但實際是平和、愛撒嬌、討人疼愛型的心態模式。太陰坐命亥宮的人，夫妻宮也是空宮，有陽梁相照，這也是感情空茫，表面上沒有特殊個性，但內心是大而化之，喜歡被人疼愛照顧，也喜歡照顧人的心態模式。所以由太陰坐命者的『命、財、官』、『夫、遷、福』等宮中，你就會發現他們都是用感情電流做發放和回收感應來做為他們本身推銷術的一個基準。這種推銷術好的方面是：對方客戶若也是一個多情善感的人，則頻率相合，很能得人心，得到的效果是非常大，推銷術就極為成功。倘若對方客戶是一個性格堅硬，如命宮為有『殺、破、狼』格局的人，不吃軟性訴求這一套，其人的推銷術就被打了回票，而且十分難堪了。所以太陰坐命的人，對太陽、武曲、天同、天相、天梁、巨門、天機、天府，這些命格的人所做的推銷術較為成功，別人會接受。而對廉貞、貪狼、七殺、破軍、擎羊、陀羅、火鈴等坐命的人的推銷術是完全失效的。這些強勢命格的人是很討厭軟塌塌、不乾脆、拖泥帶水的牽扯的，因此對這種用軟功，利用同情心來推銷的人是嗤之以鼻的。

太陰坐命的人若『命、財、官』、『夫、遷、福』中有化忌、羊陀、劫空的人，敏感度不佳，表達感情的方式也不好，更談不上推銷術的運用了。他們常處於被推銷的局面。

太陰坐命的人若被人推銷商品，若是以感情的訴求做推銷的主體，用溫和、感性、同情、憐憫的方式要他們多給一些愛心，他們會照單全收，不疑有他。若用強硬的方式來推銷商品，他們總是能躲就躲，有時也會基於很多原因而被強迫接受推銷品。主要是因為他們的個性不強，朋友宮又都有一顆七殺星，會有凶暴、不良的朋友所致。所以他們對人還是有懷疑心的，由其是對性格粗魯、剛硬、凶暴之人。他們會用接受此一個推銷品而做為友誼的結束。

貪狼坐命的人

貪狼坐命的人，是好運星坐命的人。代表其人在一生中有許多的好運機會。同時貪狼也是將星、貪星（好貪）、桃花星。是一個有多重意義的星曜。

貪狼坐命的人無論坐命於辰、戌宮，或坐命於寅、申宮，或坐命於子、午宮，財帛宮都是破軍星。官祿宮都是七殺星。

尤其『命、財、官』看起來，就知道這是『殺、破、狼』格局的強勢命格了。所以他也就具備了『殺、破、貪』格局的好爭鬥、好貪心、好攫取的天生性格。貪狼坐命者更具備人緣桃花的特性，這也是創造好運機會中不可或缺的重要資產。所以貪狼坐命者的推銷術之高明，就不是一般常人所能知

紫微推銷術

道與想像的了。

貪狼坐命的人，本性『好貪』，這也是他衝動奮發的原動力。只要他們想打拼，想努力，就有好運機會等在那裡。貪狼坐命的人很圓滑，從不得罪人，速度很快，不高興時人就失蹤了。他們的交際手腕也很靈活，想要和誰交往也沒有不成功的。所以他只要看上什麼目標，便會努力去達成。並且貪狼坐命的人在錢財上很大方、能捨。無論花多大的代價都在所不惜。由這麼多方面的強勢特性的性格所結合成的一個人，當然就會具有超級特強的推銷術了。

貪狼坐命者的推銷術內容是無所不包的。倘若他從事的是軍警業，在自我推銷上不遺餘力，就可做到高官，享厚祿。倘若他所從事的是政治界，便一定能有機會掌大權，做大官。倘若他們從事商業也會創造不凡的事業，擁有大財富。貪狼坐命的人不論推銷自己或推銷商品都有他自己特別的推銷方式，這是和別人不一樣的地方。

貪狼坐命者所處的環境就和別人不一樣，例如貪狼坐命子、午宮的人，其遷移宮是紫微。表示生活在高尚、富裕的環境之中，在人生打拚的基點就比別人高出太多出來。例如貪狼坐命辰、戌宮的人遷移宮是武曲，表示生活在多金富裕的環境中，一生不知人間貧苦愁困，在人生中打拚的基點也別人高，至少錢財無虞。又例如貪狼坐命寅、申宮的人，遷移宮是廉貞。表示其人是處於一個善於營謀、多爭鬥的環境之中，因此他們在性格上早已習慣這種環境。本身在營謀、策劃的能力上就已具備。因此碰到要競爭的環境時，他早已準備好應戰的技能了。自然會先發制人的佔上先機。

貪狼坐命者的夫妻宮都有一顆天府星，表示此人善於計較，也善於將財物、利益收歸己有，放入自己的庫房之中。他們在錢財上向外攫取（財帛宮是破軍），本性內在又有能計算入庫的觀念，自然在運用推銷術時是收入較多，損失較少的局面了。另外他們在福德宮又都有一顆天相星，這是既會享受，又會理財之星。在『命、財、官』、『夫、遷、福』等宮位中具備了打拚奮鬥的力量，又具備了人緣和整理財務的力量，當然在推銷術的業績上是非常隆盛的場面了。

一般來說，貪狼坐命的人很耗財，不會存錢，因為財帛宮是破軍耗星的關係。但是他們內心很富裕，夫妻宮有天府星，有人會以為這與前面的所分析的就有出入了。其實不然，你若認真的去計算貪狼坐命者一生所得的財富，和他所消耗的財富，拿來做相互比較，你就會發現他們一生所消耗的，只不過是在他一生中所擁有財物的九牛一毛了。他為什麼會擁有這麼多財物和好機會，靠的就是推銷術的成功。他們深知推銷術的精華，也善用推銷術的魅力，所以只要找到貪狼坐命的人來登高一呼，不論是要聚集人頭或財物，其結果都是驚人茂盛的。

貪狼坐命的人，就是不能在『命、財、官』、『夫、遷、福』中有化忌、羊陀、劫空，只要有這些煞星存在的人，推銷術的能力會大打折扣或消失。因為會失去人緣上的敏感能力，在智謀上也產生智障，對於做事的方法沒有理念，做不好，當然成就也就不高了。

貪狼坐命者在接受推銷方面，只要是剛好是他所正需要的，或正是他所積極攫取找尋的關係或物品，他都會立刻欣然接受別人的推銷。倘若別人所推銷的理念和物件是和他的內心想望相違背的，他也會展現強勢的拒絕態度出來。他會用很無所謂的態度否定掉推銷者，讓對方覺得自己簡直是隱形人一般，好像他都沒有看見過自己一樣。

巨門坐命的人

巨門坐命的人是暗星坐命的人。巨門又稱隔角煞，主是非口舌。所以巨門坐命的人，都是愛說話，愛用語言去引起別人注意的人。

巨門單星坐命的人，不論命宮的旺弱，都屬於『機月同梁格』的人生格局。適合做薪水階級的上班族。他們是從事推銷業、仲介業、保險業等所有推銷工作中，人數最龐大的命格之一。

巨門坐命子、午宮的人，命宮居旺，財帛宮是空宮有同梁相照。官祿宮是太陽。其遷移宮是天機居廟，夫妻宮是太陰，福德宮是同梁。由此人之『命、財、官』、『夫、遷、福』中狀顯示出來，此人是靠生命中無限多的變化和運用自己敏感力及口才去創造企機的人。

巨門坐命巳、亥宮的人，命宮居旺，財帛宮是天機陷落，官祿宮是天同居平。遷移宮是太陽。夫妻宮是太陰，福德宮是天梁居旺。由此種命格的人之『命、財、官』、『夫、遷、福』中可顯示出：此人命格中極易形成『陽梁昌祿』格，若從公職或固定的薪水族可有平順的生活。

巨門坐命辰、戌宮的人；命宮居陷，財帛宮是太陽，官祿宮是空宮，有機陰相照。遷移宮是天同居平，夫妻宮是機陰，福德宮是天梁居廟。由此人的『命、財、官』、『夫、遷、福』中可顯示出此人一生是靠別人照顧，而自己善於應變，把握口舌、紛亂的角度來增進自己的利益。

由上述的資料中我們可明顯的發現到巨門坐命的人無論命宮旺、弱，都有一個特殊的能耐，就是利用是非口舌的特性來拓展推銷術，達到對自己財富和利益上的增多。同時我們也發現到巨門坐命的人在『命、財、官』中並無主財的財星。而且代表智慧的官祿宮中，只有巨門坐命子宮的人，有太陽居旺，是智慧較高的。其他巨門單星坐命者的智慧都談不上合格，是平庸及空茫的情形。

另外一個有趣的現象是：巨門坐命者的夫妻宮都有一顆太陰星，福德宮都有一顆天梁星。表示巨門坐命的人，在內心思想上很能用敏感纖細的感情去體會觀察別人內心的動向，再藉以用口才、辯才的說服力將之說服，在另一方面他們也會用形成小圈圈、小團體的方式，拉攏別人成為自己人，直接提供利益輸送的方式，同時自己也得到了利益。運用了這麼多的手法和層層複雜的糾葛，這就是巨門坐命者的推銷術。

嚴格的說起來巨門坐命者的推銷術類似老鼠會。他們會把兄弟姐妹的朋友，以及朋友的兄弟姐妹串連起來，形成一個龐大的人際脈落。也常以直銷的方式來加強人際網路。表面上看起來巨門坐命者所擁有的推銷術是非常好的，但是他們在人際關係上的消耗非常大。因為是非多糾纏不清，朋友之間常是初交善、終惡棄之，朋友之間的感情維繫在利益糾葛之間，總是很難長存的。所以這種推銷術是短暫的推銷術，是在三個月之內有效的推銷術。因為巨門坐命者和朋友的交情大概只能維持三個月，很快就會被人看穿了，或者他本身又有很好的出路或機會，原先的朋友交情也會被他拋棄了。

巨門坐命的人，在『命、財、官』、『夫、遷、福』中有化忌、羊陀、劫空時，智能和口才的才能會大打折扣。言語上，人緣上都令人討厭、排斥，根本無法發揮推銷的本領。

巨門坐命者，推銷術最好的要算是命宮中有化祿和化權的人了。有巨門化祿在命宮的人，也會有太陽化權出現在『財、官』二宮，形成更高超的智能、和人緣及口才的應用。對男人更有影響力，無論在爭鬥激烈的政治圈，或是一般平民事業中，其人都有極強的本領來展露頭角。有巨門化權在命宮時，會有太陰化科在夫妻宮，會更有運用感性和柔性訴求達到推銷目的之與生俱來的本領。所以都是推銷術一級棒的人了。

高雄市長謝長廷是巨門坐命子宮的人。丙年生有天機化權和擎羊在遷移宮，會處在一個爭鬥性強烈又充滿變數的環境之中，所以在八七年的市長選舉中，苦戰對手。他在當年所走的運程是天同化祿、天梁運，是一個平和的運程，助力不大。但八七年是戊寅年，戊年有太陰化權，表示是有女人和軟性的力量在當道。而巨門坐命者最大的能耐就是特別會體察女性想法和向女姓推銷自己的理念。所以當對手用陳進興案來攻擊他的時候，女性對他投出了同情票，而讓他險勝一局。這是是巨門坐命者利用自己天生本質中的優勢來達成推銷成功最好實例。

巨門坐命的人在接受別人推銷商品時，都有很好的接受度。因為他又看到很好的新企機了。他會順便向對方推銷自己的東西。倘若對方不識趣，不懂得投桃報李，他也會對此人沒有興趣，而拒絕接受對方的推銷。倘若對方懂得這方面的世故，便立刻和他能稱兄道弟，成為自己人，利益能共享共榮了。

天相坐命的人

天相坐命的人，是印星坐命的人，同時也是福星坐命的人。有時我們也稱天相坐命的人是勤勞的福星坐命的人，其實他只對自己的享受、利益很勤勞，在一般人的眼中在工作上他還是算懶的。

天相坐命的人，是印星坐命，所以喜歡掌權。他要達到掌權的方法就是要從事善後的工作。因為他是溫和命格的人，在事前或是競爭激烈中他是搶不到權力的。只有在事情破敗沒有人管了，他接下來管，才自然而然的掌握權力。我們可由他們的遷移宮中都有一顆破軍星就可看出，在他們外在環境中都是破破爛爛、紛爭不斷的環境。

天相坐命丑、未宮的人，命宮居廟位。財帛宮是天府。官祿宮是空宮，有廉貪相照。其遷移宮是紫破。夫妻宮是廉貪。福德宮是武殺。由此人的『命、財、官』、『夫、遷、福』中可看出此人的智能並不高，而是在一個稍為地位高一點而爭鬥紛亂的環境中替人做善後工作，辛苦一生的命運。

天相坐命巳、亥宮的人，命宮居得地之位。財帛宮是天府。官祿宮是空宮，有紫貪相照。遷移宮是武破。夫妻宮是紫貪。福德宮是廉殺。由此人的『命、財、官』、『夫、遷、福』中就可看出此人是在一個比較窮困、險惡、爭鬥性、多紛亂的環境中，辛苦勞碌的處理善後問題。他們智能也是不算高的。但是內心中是充滿高理想和奮鬥力，具有掌權慾望的人。

天相坐命卯、酉宮的人，命宮居陷。財帛宮是天府。官祿宮是是空宮，有武貪相照。遷移宮是廉破。夫妻宮是武貪。福德宮是紫殺。由此人的『命、財、官』、『夫、遷、福』中就可看出此人是在一個既破且窮，是非又多、爭鬥不停的環境中處理善後的人。他的智慧很低而且剛直不懂得拐彎，並且他也不懂得如何努力，是一個瞎忙又較懶的人。

從上述的分析中，我們可得一結論，天相坐命丑、未宮的人和天相坐命巳、亥宮的人，還是有某些方面的推銷能力。他們會利用做善後工作而掌權時，來達到自己推銷理念，得到自己的實際利益。而天相坐命卯、酉宮的人，則環境差、智能也不足，很難具有推銷能力了。不過他們本性愛錢，也會為了錢去做自己不擅長的推銷工作。最後總是吃虧上當。

天相坐命的人，夫妻宮都有一顆貪狼星，表示在內心中好貪。好貪才有推銷的原動力，不算壞事。但是每種人喜好不一樣，也會對推銷能力有所影響。就像天相坐命巳、亥的人，夫妻宮是紫貪。他好貪的是高尚、美好、精緻的事物和權力。天相坐命丑、未宮的人，夫妻宮是廉貪，他好貪的是美色、性慾。天相坐命卯、酉的人，夫妻宮是武貪，他好貪的是錢財。但是智能不高，常被錢所奴役控制。他們心性比較吝嗇，有很多人的身宮還落在財帛宮，常為了錢六親不認。在生活上並不愉快。

天相坐命的人，命宮有擎羊、陀羅時，為『刑印』的命格。性格會陰險好爭鬥，但若參加政治性的爭鬥依然會敗下陣來。因為既有『刑印』的命格就無法掌權、掌印了。此命格人最好從事與血光有關的職業。例如外科醫生、治跌打損傷的師父、救難隊的隊員、救火、救災的隊員，或是獸醫、殯葬業者等職。在這些方面的工作，會做得很有成就。

在接受別人推銷商品方面，天相坐命丑、未宮的人對人的懷疑心很重，也常看不起別人，不過只要你能表現出聰明機巧，用特殊的方法和手段來向他宣揚或推銷，他就會接受購買。但若他覺得你不夠聰明，老實又笨，他就拒絕接受推銷，而且用不好的態度把你趕走。天相坐命巳、亥宮的人，喜歡有力人士的推銷，例如有名的人來推銷，或是品牌、精緻的東西，或者是上司有地位的人來向他打招呼推銷東西或拉票，他都會欣然接受的。天相坐命卯、酉宮的人，是老實到有點笨的人，因為上當次數太多而心理有些障礙。他一定會選一個他自己認為是瞭解該商品的人，以朋友的建議做一個保證，才會購買此商品。但是往往朋友多鬼怪，常被朋友出賣，而買了無用或品質有問題的商品又上了當。這種事件常輪迴演出，愈怕就愈上當，這是自信心不足，而讓朋友看透了，覺得有可趁之機，而和來推銷者聯手欺騙他。

天梁坐命的人

天梁坐命的人是蔭星坐命的人。也是貴人星坐命的人。他不但容易得到貴人的幫助，本身也愛幫助一些靠近自己的人。

天梁坐命的人，在命格中容易形成『陽梁昌祿』格。這個格局在他本身所擁有的推銷術上也會發生極大的作用。天梁居旺坐命的人，也容易得到上司、長輩的好感，而伸手幫忙或照顧他。

天梁在巳、亥宮居陷坐命的人，縱然能形成『陽梁昌祿』格，也與上司、長輩老人無法有緣，也得不到良好的照顧，同時也照顧不了別人。由此可知他們就損失了一大票的人可以來支持他的推銷術的人。所以天梁陷落坐命巳、亥的人，是推銷術不佳的人，也搞不清楚要怎樣推銷自己和商品。他們只是平凡、溫和、庸庸碌碌的生活著。在事業上沒有打拚上進之心，隨遇而安，只求慵懶快樂的生活就好。

天梁坐命子、午宮的人，是推銷能力最強的人。天梁坐命丑、未宮的人是推銷術次強的人。

天梁坐命子、午宮的人，財帛宮是機陰。官祿宮是天同。遷移宮是太陽。夫妻宮是巨門陷落，福德宮是空宮，有機陰相照。在此人的『命、財、官』、『夫、遷、福』中就有顯現出來，此人極具爭鬥的推銷術手法。內心是詭異、多變，頻頻製造是非糾紛，而再從與別人的鬥爭之中，攫取權力和利益。這種推銷術是摒棄道德和傳統觀念的推銷術。只要他想表達一個意念，或想要得到什麼東西，就馬上使出殺手鐧出來。有時候他們在使用這種推銷術的時候，他們也會先佈局，等獵物踏入陷阱，再消滅之。平常他們是仁義道德規範很高的人，在眾人之前是完美先生。但他們始終不曾放棄鬥爭的架勢，隨時隨地都在備戰的狀態。這就是夫妻宮有巨門陷落的人，內心的鬥爭永無停止的關係。所以他的推銷術是極其複雜、內斂、兇狠，而且是格局很大的推銷術了。所追求的成果也不像僅是推銷一個小商品，或剛夠糊口的薪資了。而是無所不包的權力、名聲和財富。

李登輝總統就是天梁化祿坐命午宮的人。

天梁坐命丑、未宮的人，財帛宮是太陰，官祿宮是太陽。遷移宮是天機陷落。夫妻宮是巨門居旺。福德宮是天同居平。由此命格的『命、財、官』、『夫、遷、福』中我們可發現此命格的人比天梁坐命子、午宮的人要善良得多（福德宮是天同）。他們外界的環境很壞又多變，常常沒有好事發生，別人對待他的態度也壞。雖然夫妻宮也是巨門星，是居旺的，所以在他的內心之中，是非掙扎雖然仍很多，但是他會利用口才來舒發，因為本性的敦厚，最後也可得到別人的讚同。他們的推銷術也是善良面中最高超的了。不過是非口舌不斷。他也會自己製造話題，引起別人的注意來達到推銷的目的，有時候這些推銷的手段也是引人非議的，但他都有辦法擺平。在權力的爭鬥與推銷中，他是歷經百戰的，最後也會成功的。

天梁坐命巳、亥宮的人，命宮居陷，財帛宮是日月，官祿宮是空宮，有機巨相照。遷移宮是天同居廟。夫妻宮是機巨。福德宮是空宮有日月相照。在這個命格的『命、財、官』、『夫、遷、福』中所顯示出來的，就是這個人生活得太平和舒適了，而沒有動力讓他奮發。雖然他們的內心也是聰明的，會使用一些爭鬥性的技巧，來改變自己不利的地位，使自己得到利益，是稍具一點推銷術手段的人。但是他們並沒有把這些天生聰明的手段好好利用，結果只是用在一些玩樂和享受的生活上，所以構不成懂得推銷術的條件。因為沒有實際加以利用的關係。

天梁坐命者在接受別人的推銷方面的接受度是這樣的：

天梁坐命子、午宮的人，對於別人前來推銷物品，起先是不表示意見，也不表示接受與否的。他們要一直觀望到好機會，才會出手。他們在性格上多變起伏，而且想得多，又貪心，總想得到最便宜的機會和商品，往往在觀望和等待之中，情勢有了變化，反而上了對方的當，或者是價格上漲，又買到更貴的東西。所以他們的計謀是不得逞的。

天梁坐命丑、未宮的人，對於別人來推銷東西時，懷疑心特別重，他也知道自己在面對不熟的外人時，機會都不太好，常遇到壞人或奸詐之人，所以特別小心。但是懷疑歸懷疑，小心歸小心，他還是有許多方面想不到，例如說他自己很天真，對很多事情沒聽過也沒有經驗，別人就會利用他這種無知的心態，攻破心防，來讓他接受推銷品了。

天梁坐命巳、亥宮的人，對於別人前來推銷商品，他先是不置可否的態度，也不會急著、搶著要買。他內心是對任何人都存有疑慮的。但是若有人天天纏著他，又用人情壓力，最後他也會勉強買下。

天梁坐命者，雖然都是心存懷疑和小心的人，因為朋友宮都有一顆破軍星，同輩和朋友之間都是一些侵略心和掠奪能力強的人，所以仍是難逃吃虧上當的命運的。

七殺坐命的人

七殺坐命的人，是大殺將坐命宮的人。顧名思義，此人即是性格堅強、衝動，好於攫取之人。七殺坐命的人是沈著、陰沈、多謀略、多疑惑、自尊心特強，喜怒反覆的人，給人有凶悍的味道。他們在工作中、事業上尤其會展現這種特質，所以很容易看出他們推銷術的架勢。

七殺坐命的人，不論坐命於子、午宮，或是寅、申宮，或是辰、戌宮，其『財、官』二宮的星都是相同的，只有旺弱之分。也就是說財帛宮都是貪狼，官祿宮都是破軍。這代表著一種意義，就是七殺坐命者在錢財上都有無限的好運，只要運用各種變化多端的智慧，打破一切的規範，長驅直入，衝破藩籬，衝鋒陷陣，就能攫取到豐富的戰果。當然，七殺坐命者所能佔有的利益和財富是和本命格中的好運機會，以及智慧和奮鬥力、破壞別人的力量是有極密切的關係的。

『殺、破、狼』坐命的人，推銷能力都很強，實際上就是一種壓制別人，破壞別人，使自己首先搶到利益、錢財的攫取力量。這種力量其實也是一種手段。沒有這種手段則不足以成大事。自己的理念傳達和目的、目標就不能達成。在命理上稱這種奮鬥力量為『化殺為權』，是一種強制力量。

所以七殺坐命者在先天上就佔有強勢的優勢，這也就是其人推銷術的本質。

七殺坐命者的遷移宮都有一顆天府星，夫妻宮中都有一顆天相星，福德宮則不一樣，這表示他們對錢財的敏感力和對一切利益的敏感力是非常高的。就像駱駝或馬匹會順著水源找到水一樣。他們很快的便能分辨財路和利益之路。在其人本身性格中又包含著善於理財、做事、分析吉凶、善惡，使自己趨吉的先天處事能力。可是最後能得到最大成就的，就要看先天本性中所趨向的是那一種愛好了。例如**七殺坐命子、午宮的人**，福德宮是廉貞，他喜好的是政治性的爭鬥和營謀，這方面的能力也特別強，所以他一生就是用營謀和爭鬥來攫取財富及利益的。營謀和爭鬥就是七殺坐命子、午宮的人的推銷術之方式了。

七殺坐命寅、申宮的人，福德宮是武曲居旺，此人喜好的是運用錢財和政治力量來攫取更多的錢財和利益。因此七殺坐命寅、申宮的人，便會運用錢財去購買或用政治力量的干預去攫取更大更多的財富和利益，這也形成他們推銷術的特殊風格。

七殺坐命辰、戌宮的人，福德宮是紫微星。此人喜好的是運用高權勢、高地位去壓制別人，使別人服氣低頭，交出財物讓自己攫取獲得。這也是他的推銷術的風格。

這幾種人的推銷術實際上都會帶有營謀、爭鬥、政治性的色彩。在力量的強弱方面，其實也都是毫不遜色的，每一種都很強，也都有制服別人的力量。

若再從七殺坐命者的環境和情緒智商的成熟度，以及在人緣方面被接受的程度來看他們推銷術最後成功的結果，這才能分出一個實際的高下出來。

七殺坐命子、午宮的人，遷移宮是武府，夫妻宮是紫相，朋友宮是天同居廟。此人生活在周圍都是剛直、小氣而計較的人的環境中，這些人雖然有錢，但並不是那麼好對付的。再加上他本身的心態是高高在上，平和的、老好人的心態，協調能力很好，會用協調的方式使人信服，所以朋友都會溫和善良的對待他，這是推銷術完全成功的模式。

七殺坐命寅、申宮的人，遷移宮是紫府，夫妻宮是廉相，朋友宮是天機陷落。此人生活在周圍是高地位，高權勢、高富貴的環境中，這些富貴之流都是有權勢而小氣計較的人。七殺坐命寅、申宮的人，本性是用溫和、頑固、不太表示意見，在人緣關係上的智慧有點鈍拙的情況下，只會做事，不會說話，又無法和朋友及周圍的人在感情和交往上得到共鳴，所以朋友各自古怪耍詐，不會好好的對待他。這是做了許多努力之後推銷術不算太成功的模式。

七殺坐命辰、戌宮的人，遷移宮是廉府，夫妻宮是武相，朋友宮是空宮，有陽梁相照。此人的生活環境雖然仍算不錯，實際上已經比前面兩個命格的人差了一大截了。他會生活在周圍是智力不高，但生活平順富裕的人的環境之中。在心態上和人際關係之中他運用的是剛直、溫和、多服務勞動的協調能力。朋友們之間的反應是一時間是看不出有什麼好壞的反應，但長時間下來，慢慢就會顯現出擁戴他、讚同他的反應。這種推銷術是不算很強的推銷術，但最後還是站在成功地位的推銷術。只是必須用長久計，做時間上的拉距戰而已。

七殺坐命者在接受別人來推銷的接受度是這樣的：

七殺坐命子、午宮的人，會反覆的考慮，反複的思想營謀、策劃。他會做出配套措施，譬如說，他會提出條件，如果我接受了你的推銷，買了這樣東西，你是否可買我方的其他類產品，或者是提出殺價的要求，痛砍一番。七殺坐命子、午宮的人是非常精明小氣的。因為考慮很多，而且周詳，他們往往都是最大的贏家而很少吃虧上當的。

七殺坐命寅、申宮的人會非常剛直、明白的告訴對方，你要說出對我有利的多種條件，我會評斷值不值得。若值得，就會買，不值得就不買，也不會再和對方嚕嗦。因為七殺坐命寅、申宮的人都是有錢人，在心態上的價值觀，其實是很寬闊的，他只重視對方的信用問題，在錢財上還是小事。所以說話態度若得不到他的信任，便不接受對方的推銷了。

七殺坐命辰、戌宮的人，自尊心特別強，又特別的固執和自以為高尚，掌有生殺大權。若有人想要向他推銷東西，他首先要看對方是否是很恭謹，尊重他，其次他也很會殺價，注重價值觀。倘若價錢與質料不相符合，又沒有辦法殺價，他絕對會拒絕接受推銷的。

破軍坐命的人

破軍坐命的人，是耗星坐命的人。破軍也是將星、煞星，主波動、衝動、不安。破軍坐命的人，若命宮或遷移宮中有祿存，可稍解破耗之惡。人比較孤獨，破耗也就不那麼厲害了。

破軍坐命的人也是『殺、破、狼』格局的人。單星坐命的人，命格都在合格的旺位以上，所以是利多於弊的。

破軍坐命的人，財帛宮都是七殺，官祿宮都是貪狼。表示在他們的人生際遇中，好運都是在事業上發生的。所以他們是非常適合做推銷工作的人。

同時他們也是非常聰明、圓滑、善於用多變的技巧來施展推銷術的人。

破軍坐命的人，遷移宮中都有一顆天相星，代表在其人周圍的環境中都是充滿溫和的人，又常有一些勤快能幹的老好人，能來幫他處理善後工作的。他總是拼命打拚、破壞，但是就有人來幫忙他料理做結尾工作。所以他從來也不煩惱事情還沒做完，就早已開始享受成果了。他們的福德宮都有一顆天府星，表示他們生性計較、又愛享福，好的東西都給了自己，善後工作交給別人去做。由於這種強勢的個性，和自私的念頭，所以和朋友之間的是非糾紛是非常多的（朋友宮都有一顆巨門星）。

破軍坐命者從來都是不怕麻煩的，第一他在本身性格上就是要長驅直入的打破舊的環境和人與人之間的藩籬。第二，他本身性格上的衝動性，根本沒辦法停下來。第三，懷疑、不信任別人，和多變的手法，使他足以顛覆整個環境中所有人的價值觀。第四、破軍坐命者的道德觀都是非常薄弱的，為了自己的利益和需要，他是可以放棄一切周圍人的福利，而強力攫取自己想要的東西的。因此破軍坐命者的推銷術，實際就是在是非、混亂、爭鬥中而做了搶劫、攫取的工作和動作。

由破軍坐命者的『夫、遷、福』三宮中，我們可以看到下列的狀況：

破軍坐命子、午宮的人，其遷移宮是廉相，夫妻宮是武曲，福德宮是紫府。這正顯示出破軍坐命子、午宮的人，周圍環境中全是一些智力沒有他高，笨的、溫和的、沒有營謀能力、只想求平安過活的人。而破軍坐命者就用一種自身是高高在上，計較的、小氣的心態，用剛直、堅硬、政治性的手段來對付他們。自然他是佔了上風，推銷成功，成了領導的氣候。所以他的推銷術是以如此強勢的模式、高智慧、壓制性的手段而展現的，並且也是利用許多突然而出現的機會而成功的。（夫妻宮和官祿宮形成『武貪格』暴發運格，故而是突然顯現的機會）。大陸的領導人江澤民先生就是破軍坐命子宮的人，他的推銷術就是這種方式。而且他的『命、財、官』、『夫、遷、福』中的煞星多，更形成了只求目的而不怕損失，強行霸道的要佔上風，來壓制領導別人的推銷術。

大陸領導人江澤民先生 命盤

僕役宮 巨門 祿存 癸巳	遷移宮 廉貞化忌 天相 擎羊 甲午	疾厄宮 天梁 天鉞 乙未	財帛宮 七殺 地劫 丙申
官祿宮 貪狼 陀羅 壬辰			子女宮 天同化祿 丁酉
田宅宮 太陰 辛卯			夫妻宮 武曲 火星 戊戌
福德宮 紫微 天府 天空 庚寅	父母宮 天機化權 文昌化科 辛丑	命宮 破軍 鈴星 庚子	兄弟宮 太陽 天魁 己亥

破軍坐命寅、申宮的人，其遷移宮是武相，夫妻宮是紫微，福德宮是廉府。此命格的人要比其他破軍坐命者的推銷術要溫和一點。

破軍坐命寅、申宮的人，在周圍環境中充滿著有點小錢、小財富的、脾氣剛直、溫和，又世故的人。他們所運用的推銷術是一種用交際手法，人際關係相互牽連，以及巴結權貴的方式，來做他推銷術的手段。

這種推銷手段，多少展現一些溫和的手法，雖然他的心態仍是強勢的，善用政治資源和具有人情包袱的，但成功度並不強。我們可從其朋友宮是同巨可以看得出來。大家是用溫和、非議、多是非口舌的方式來抵制他。所以推銷術並不見得成功。

破軍坐命辰、戌宮的人，其遷移宮是紫相，夫妻宮是廉貞，福德宮是武府。顯示出此人的周圍是充滿平和、生活環境好、有一點事業成就的人。他所運用的推銷術就是：用盡心力去策劃營謀，對每一個人設計不同的策略，逐一收服。或用錢，或用利益來交換，使自己達成目的。不過你千萬不要以為他是非常大方的人喲！他可是計算出最後推銷成功後，自己所得到的利益是千百萬倍於他所施放出的條件，他才會這麼做的。所以他是個用奸詐手法，步步為營，欺騙別人上當來達成推銷術成功的人。這比起其他破軍命格的推銷術來說，又更是高竿了。

總結，破軍坐命者天生的命理格局就是以攫取他人財物來重組製造，形成自己的財祿的命格，所以他的推銷術不得不好。不論他們是用霸道、壓制、強取的方式，還是用拉攏、算計的方式來制服別人，推銷自己或商品。總而言之，他成功的推銷術還是在對待那些命格較溫和、軟弱的人，才會最有用。和他一樣強勢的命格之人，如貪狼、七殺坐命者，其實也是和他一樣的，用不同方式來壓制、強取，推銷術的本質也是相同的。

在別人推銷商品物件給破軍坐命者時，其接受度又是如何呢？

破軍坐命子、午宮的人，在別人來推銷理念或物品給他時，他會很沈靜的先壓下，放在一邊，暫時不做決定，等待出現好機會顯現出該事件有什麼新發展時再做決定。不過有時候，來推銷的人價值觀與他相同，相談之間理念一致，一拍即合，也會立即接受推銷。他的心態是剛直、重利益和價值觀的，同時他也是十分保守、吝嗇的人，雖然他也是耗星坐命的人，在花錢時有大手筆，那是他想在得到或攫取某些利益目標時所擁有的性格。在接受別人的推銷方面可不會這麼大方的。

破軍坐命寅、申宮的人，在有人向他推銷時，一定要藉用與他熟識者的名號或某位權貴者的名字，來向他推銷。若是知道是熟人所介紹來推銷的，或是某位名人、達官顯貴曾用過此商品，他就會毫不考慮的接受推銷。破軍坐命寅、申宮的人，也喜歡別人拍馬屁，和關心他們的利益。所以他們常在假情假意中上當，此命格的人是破軍坐命者中最容易接受推銷的人了。

破軍坐命辰、戌宮的人，當有人向他推銷時，他懷疑的程度最深，他像間諜、特工人員一樣會反複的琢磨、思考，或是試探對方的來意，看看是不是有什麼陰謀的人要來陷害於他。他也會很小心、謹慎的注意對方的言行動作來判斷，看看都沒問題了，最後以殺價的方式來強硬的結束這段被推銷的事件。有時候他們也會因人際關係的考量，例如說是有利益相牽連的人介紹來推銷的，經過營謀，他也會很快的接受推銷品。

祿存坐命的人

祿存坐命的人，就是祿星坐命的人。基本上他們是屬於空宮坐命的人，要看對宮（遷移宮）有什麼星曜，就會直接影響到他的個性、思想方式和一生的財祿，以及智慧的高低，和推銷術的方法。

基本上，祿存坐命的人都是保守、有點木訥、智慧不算高、內向、與人有距離，人緣關係不佳的人。他們很害怕與人多交往，因為祿存坐命者，都是有『羊陀相夾命宮』的關係，而形成孤單、畏縮、害怕受人欺凌的心理障礙。他們是生活在自己設定的小框框裡，不太願意走出去。在心理上，走出去也很困難，所以要講到推銷術，好像他們就根本不會具備了一樣。

但是，我在前面講過，不管各人的推銷術好不好，每個人還是會多少具備一點推銷術法寶的，這樣才能在地球上的天地間生存。

祿存坐命者的推銷術是從賺取錢財開始起步下手的。祿存坐命者唯一感興趣的事，就是賺錢和儲蓄，他們非常勞苦的賺錢儲蓄。一生心力都用在上面，因為要護財，所以很吝嗇、小氣、害怕別人來奪財。因此祿存坐命的人是絕對不會隨便借錢給別人，或是做放款業務的。因為他們會嚇死了，整日擔心別人不還錢，日子就不要過了。倘若是親人向他借錢，是感情好的親人，他也會心裡常嘀咕，嘴上不說，放在心中。是感情不佳的親人向他借錢，不巧又借出去了，他就會整天向那人追債了。

祿存坐命的人多半是老實、溫和、看起來沒主見，其實內心很固執，有自己想法的人，他們想什麼事都是以錢財為出發點的。這是天性，無法改變。很多祿存坐命者的身宮都落在財帛宮這種狀況尤其明顯，成為一個嗜財如命的人。他們的推銷術因為智力的關係，算是不太高明的推銷術。倘若他們找到一個可以賺到錢的方法，便一直會沿用它。直到此路不通了為止。所以說是個死腦筋的人。

祿存坐命的人不善於開拓關係，這也是推銷術不好的原因，他們總是怕受欺負，而劃地自限。因此雖有打拚奮鬥的精神，仍不能促就好的推銷術。

祿存坐命者在接受推銷的接受度上也不算好。因為他們在生活上是節儉、吝嗇的人。有時候也可以說是有點自私的人。他們在生活上的需求很少，通常都會斷然拒絕推銷。不過，祿存坐命的人，內心空虛、孤獨、很需要別人的慰藉。倘若來推銷東西的人，從這方面抓住其弱點，使其心扉打開，並且又讓頑固的祿存坐命者很信任此人的話，那對方推銷的一切商品，他都會欣然接受，毫不後悔的了。

擎羊坐命的人

擎羊坐命的人，是煞星坐命的人，也是空宮坐命者。必須要看對宮（遷移宮）中有什麼星，才能斷定此人的性格、思想、和一生的運程。

擎羊像一根針，是非常尖銳的針。所以擎羊坐命的人，都有剛硬、尖銳、衝動、固執、霸道、愛計較、敏感、報復性的心態。講起來有擎羊星在命宮的人，都應該是推銷術很好的人，因為他都具備了會營謀、敏感的感覺力，又能具有霸道，向前衝的奮鬥力，看起來都很好，事實上某些擎羊坐命的人也確實具有高超的推銷術，也會推銷成功。這就要看命格的格式是那種格式了。

例如說擎羊單星坐命未宮，有武貪相照的人，或是擎羊坐命丑、未宮有日月相照的人，都是本命擎羊居廟旺之位，他們的推銷術就會成功。因為他們的朋友宮很好，一個是同陰居旺，一種是武府，傳達了推銷術成功的消息。至於擎羊坐命丑宮有武貪相照的人，則因朋友宮是同陰陷落，推銷術就不成功了。

擎羊坐命子、午宮和卯、酉宮的人，因為本命中擎羊居陷，是比較狡詐的人。擎羊居廟位的人，其狡詐的程度不及居陷位的人，所以一般仍歸類於善營謀之人。

擎羊坐命子、午宮的人，以對宮有同陰相照的人，推銷術較好。朋友宮是天府，別人會支持他，讓他推銷成功。尤其是擎羊坐命午宮，有同陰相照的人，為『馬頭帶箭』格。具有營謀、爭鬥的本領。遷移宮是同陰居旺，也能用柔性訴求和敏感力蒐集敵情，剛柔並濟的克敵致勝。一般說來，『馬頭帶箭』格是能在沙場立功，威震邊疆的命格。這種人生成就也就是推銷術的高竿所形成的。前法務部長城仲模就是擎羊坐命午宮，『馬頭帶箭』格的人。

擎羊坐命卯、酉宮的人，以對宮有陽梁相照的人，推銷術最好。因朋友宮是武相。朋友會在金錢上支助他推銷成功。

其他的擎羊坐命者，像有機巨相照的命格，有紫貪相照的命格或是有機梁相照的命格，推銷術都不行，主要是他們無法掌握明瞭顧客的心態，只是一味用奸險、多計謀的方法，使別人產生了反感而導致推銷不成功。

擎羊坐命者在接受別人推銷東西方面，也是不順利的。他們在性格上多計較而貪心，常提出不合理的需求來為難推銷者。性情反覆，常說好了又變卦。所以也容易遇上小人，賣了東西便不見人影了。擎羊坐命的人在乎的是別人在感情上特別倒向他這一方。喜歡聽奉承和感性的話語，喜歡別人偏袒他，縱容他。厭惡別人剛直的建議。所以他們是極容易落入別人圈套中的人，要推銷東西給擎羊坐命的人，特別要注意用柔性的訴求、溫和、哄騙的方式，最能達成效果。

陀羅坐命的人

陀羅坐命的人，也是煞星坐命的人。顧名思議，陀羅坐命者有圓圓的頭顱和臉型，和陀羅一樣。陀羅有一直旋轉的特性，所以有陀羅在命宮的人，都會有固執、是非混淆不清的腦袋。而且心胸也常閉塞而悶、不開朗、思想起伏、多慮、想不通、沒結果，頭腦像陀羅一樣打轉、解不開。這也顯示出陀羅坐命的人，都有些笨的特質。因為他們在心中產生焦慮的疑問時，從不會去努力打開心結，只是鈍鈍的讓他糾結、自苦之故。

再笨的人也有自己的推銷術，陀羅坐命辰、戌、丑、未宮時居廟位，其人便不會特別笨了。反而會有一點威猛和營謀之道。利於武職爭戰，只有陀羅坐命寅、申、巳、亥宮時，會有笨一點，想不通多一點。

陀羅坐命的人也算是空宮坐命的人，要看對宮（遷移宮）有那些星，就可定出此人的性格、才智，和他的推銷術出來了。

陀羅坐命未宮有武貪相照的人，和陀羅坐命丑、未宮的人有日月相照的人，朋友宮都較好，是可達成推銷術成功的人。陀羅坐命丑宮有武貪相照的人，朋友宮是同陰居陷。和陀羅坐命辰、戌宮有機梁相照的人，朋友宮是天相陷落。這三種命格的人，推銷術就不行了，無法成功，也不會得到別人的幫助了。

在陀羅坐命寅、申宮的人中，以對宮有同梁相照的人，推銷術最高竿。他們的朋友宮是天相居廟，會結交三教九流的朋友，推銷術是黑白兩道、正邪並存的方式，像東北的大帥張作霖就是陀羅坐命，而有同梁相照的命格，朋友宮是天相居廟，各方朋友都會非常世故的、順從、平和的來相助，因此有雄霸東北之地位偉業。

其他如陀羅坐命有機陰相照的人，朋友宮是天府，也具有優良的推銷術，不過他一定要用正直、謹慎，一板一眼的態度來做推銷，不能有奸詐的念頭才會成功。

另外陀羅坐命，對宮有陽巨相照的人，真是比較笨而且傻呼呼的了，他們無法瞭解用什麼方式來推銷成功。他們是特別愛做推銷工作的人，但一般都做低層性質的推銷工作，他的朋友宮是武貪，表示他遇見的人全是性格剛直，脾氣粗暴，注重信諾、講義氣的人，可是這類陀羅坐命者，全然不懂顧客的需求，只在小事上做手腳，讓顧客不痛快，所以推銷術的成功率是極低的。

陀羅坐命的人，在接受推銷術方面的接受度是這樣的：

陀羅坐命的人對於別人來推銷東西，常有懷疑的態度。不過呢！他們都有一個共通的毛病，若是親人、家裡的人，非常熟識的人介紹來推銷東西的，他們都不會接受。因為他知道這些家裡人和非常熟的人都會知道他的弱點，會針對他的弱點而來壓制他，他會有抗拒的心理，堅決不受這些人情世故的牽制。反而有時候無意碰見的，從不相識，絲毫沒關係的人來向他推銷，說得天花亂墜，他反而會接受了，這種心態轉變的複雜性，是別的命格所沒有的。這種偶然碰見的人來推銷東西，當然就不見得有保障了，吃虧上當也就成了家常便飯。但是事情過了，他絕口不提自己的愚蠢，下一次事件重演時，他仍是照樣再犯。這種不相信自家人，而相信外人、不認識的人的特性，是非常令人想不通的。原因還是他不相信自家人，鄙視自家人的智慧與學識，寧可碰碰運氣相信外人罷了。

火星坐命的人

火星坐命的人，也是『大殺將』坐命的人，亦稱『大殺神』坐命的人。

火星坐命的人，也屬空宮坐命的人，要看對宮的星是什麼星，才能定出性格，智能高低，一生成就及他特屬的推銷術。

火星坐命的人，在寅、午、戌為居廟，在申子辰宮為陷地，在卯、亥、未宮為得地，在巳、酉、丑宮為居平。火星坐命的人都是急躁、剛暴、愛辯論和爭強鬥狠、不服輸的人。做事速度快，沒有耐心，潦草、虎頭蛇尾。

此命格中以火星坐命未宮有武貪相照的人，和火星坐命丑、未宮有日月相照的人，和火星坐命寅、申宮有同梁相照的人，和火星坐命寅、申宮有機陰相照的人，這些人的推銷術較好。推銷會成功。因為他們的朋友宮較好，別人比較會理解他推銷的內容而附合他。

火星坐命的人都有速度快、急躁、沒有耐心的個性。常對情況還沒瞭解得很清楚，便下結論，所以也會損失很多的推銷機會。他們講求時間效率，所以要花太長的時間去做推銷工作，他便會吃不消而放棄了。因此火星坐命的人都是速戰速決的人，他以碰到貪狼坐命者，兩個都是速度快的人，因此一拍即合，是相互最好的客戶關係。他與其他煞星坐命的人，例如破軍、七殺、擎羊、陀羅、鈴星坐命的人，因為命格都很強勢，是他較能展開推銷術的對象。若看到紫微、天府、太陽、武曲等這些正派星曜命格的人，反而會緊張，有所忌諱，而推銷術會不靈了。

火星坐命的人很乾脆，在接受別人推銷時，速度很快便做出決定了。他們喜歡時髦、流行的東西，很具有現代感。一聽到感覺不錯就會去做了。一看到喜歡就立刻買下了。付錢很爽快，有時有點嚇人，也會讓人覺得他們神經兮兮的，所以若要推銷東西給他們，就要把握住新鮮感和時間，就能賺到他們的錢了。

鈴星坐命的人

鈴星坐命的人，也是『大殺將』坐命的人。他的個性比較孤僻、急躁、與人不相合、善辯，但不像火星坐命的人那麼愛說話。個性激烈、陰沈，有些內向。生氣時會記恨報復，做事速度也很快。他們是最善於營謀推銷術的人。他們會比火星坐命的人善於推銷。

鈴星坐命的人也非常情緒化。命坐未宮對宮有武貪相照的人，有雙暴發運格，朋友宮也好，是同陰居廟，他們是推銷術一流的人，也能創造大事業。命坐丑、未宮，有日月相照的人，情緒變化更快，推銷術也不錯，朋友宮是武府，會有多金的朋友來支持他的推銷術。還有鈴星坐命寅、申宮，對宮有機陰相照的人，以及鈴星坐命寅、申宮有同梁相照的人都是具有良好推銷術的人。只是最後成就有一些分別罷了。

鈴星坐命的人，比火星坐命者聰明、深沈，善於營謀，推銷術更厲害了。倘若他們的人緣再好一點，成就會更大。他們也是比較喜歡遇到像七殺、破軍、貪狼、羊陀等坐命的人，在施展推銷術時非常相合。尤以和貪狼坐命者更相合。也會懼怕向紫微、天府、太陽、武曲這些命格的人打交道，去推銷理念和東西會很累。

鈴星坐命的人很聰明，常會想怪招來施展推銷術。煞星坐命的人，見怪不怪，對他們的寬容度較大。正派命格的人較難接受違背常理規範的推銷術。鈴星坐命者和火星坐命者一樣，是必須做快速快決的推銷術，要是時間拖長了，他們便無耐心，便會跑開去進行下一個推銷工作了。前面這一個客戶，他很可能就放棄或泡湯了。

鈴星坐命的人比火星坐命者更大膽，他可能一時興起，賠本生意也會做，以此來尋求推銷成功。但事後會後悔，又反覆，引起爭端。所以往往這種人是不可靠的。

鈴星坐命的人另有坐命丑、未宮，有同巨相照的人，和坐命寅、申宮有陽巨相照的人，是推銷術不算好的人。因為他們沒有耐性，工作期不長久，雖然也很聰明，但愛貪小便宜，常是推銷工作做了一半，又去找別的機會和工作了，其實這也算頭腦不夠清楚的人。

鈴星坐命的人在接受別人的推銷方面，他對人常有懷疑態度，有時候一時興起買了東西，速度很快，但也很快反悔，要求退貨。所以是個有點麻煩的人。因此要對這種人做推銷工作，即使是成功了，但別高興得太早，還是要等到一段時間確定後才能算數。

地劫、天空坐命的人

地劫、天空坐命的人，都是『劫殺之神』坐命的人。很多人會認為既然是劫殺之神坐命，就比較凶悍了。推銷術也會好了。其實不然，雖說是劫殺之神坐命，被劫財、被掏空的是他，而不是別人。雖然他也有耗別人的財的情形。但終究是少的。對他自己的生命運程也真正具有巨大影響的。

地劫、天空坐命的人，都有情緒不穩定的現象，好幻想、多變動、喜怒無常、不合群、容易招惹是非，愛標新立異，思想和做事方面不切實際，愛空想，做不成功，損耗又多。

地劫坐命的人，是屬於外來力量劫去物質層面。例如劫財、耗財。做人處事時會因外來力量的劫入而把事情破壞做不成，而造成虧空損耗。也會因為本身愛花錢，開銷大，而造成財物負債。

天空坐命的人，是屬於精神上的『空』。他們會有很超脫世俗的想法，也會有特殊靈感和創造力，但是不實際，往往不能實行應用在真實的生活之中，所以只是空談而已。

地劫、天空坐命的人，最大的問題還是和人有疏離感，也不懂得人情世故，更無法瞭解體會別人的心意和心情。因此人緣不佳，和別人總是格格不入。

地劫、天空坐命的人，最多的命格便是雙星一起坐命於巳宮或亥宮，對宮有廉貪相照的命格了。以坐命巳宮的比較好，至少朋友宮是太陰居旺，他和朋友還有一點互動關係，也至少還有一點朋友可以互通心情。由這一點出發，就能掌握到一點推銷術了。但是地劫或天空坐命巳宮的人有廉貪相照的命格，最多也只能賺一點自己糊口生活的財，認真的講起來，他們的推銷術是無法拿出來做事業，有大用的。主要就是他本身命格就是『空劫』，根本無法掌握任何好的機會。再加上遷移宮又有廉貪，是個沒有機會和人緣的環境，所以生活只是依靠別人的方式過活罷了。如此，他的小聰明也只有用在找尋可依靠之人的方面了。

天空、地劫坐命的人，是怕前後宮有羊陀來夾，如果命宮或對宮又有化忌來逢，又加『羊陀夾忌』，『半空折翅』的狀況就嚴重了，會早夭。當然就更談不上是有推銷術了。

地劫、天空坐命的人，次多的人是坐命於寅宮或申宮的人。這又會形成有同梁相照的命格，和有機陰相照的命格，及有陽巨相照的命格。這類的命格中命宮裡只有一個地劫或是天空星，是單星獨坐的命格。另一顆地劫或天空星就在對宮和同梁、機陰、陽巨同宮來照會。例如地劫坐命申宮的人，對宮有同梁、天空來相照的模式。

還有一些地劫、天空坐命丑、酉宮或卯、未宮的人，就是命宮有一顆天空星或地劫星，財帛宮也會有一另顆地劫星或天空星。再有就是地劫、天空星出現在命宮和福德宮裡，這就是辰宮、午宮會有空劫出現，以及戌宮、子宮會有空劫出現的狀況了。

凡是有空、劫坐命的人，都是好幻想、不實際、說得多，做不好，做得也少的人，當然更無法瞭解人情世故和別人的心意。其人的推銷術是空無，等於零的。

可是在這種命格中有一個奇蹟是不能不提的，那就是國父孫中山先生是天空坐命酉宮有陽梁相照的人。這個命格稱做『萬里無雲』格，是一個貴格。也是一個聖人之格，主其人博愛、慈善、心胸寬宏，以天下為己任，能造福天下之命格。另一顆地劫星就在官祿宮和同巨同宮，因此他雖然做過中華民國第一任大總統，但是做不長。這也和他所說的：『人要做大事，不要做大官』的名言，由命格發展出來的思想是一脈相承的。

國父孫中山先生在組織革命團體，倡導武裝起義，籌募經費，吸收愛國志士時，其推銷能力堪稱當代第一人。其推銷術之高明無人能項背，至今仍是歷史上的傑出紀錄。這是屬於一種理念上的推銷術。 國父一生並不富裕，雖然他能為革命志業籌到那麼多的經費，但是並不能也不願納入自己的私囊之中。這就是天空坐命者命格本質了。所有空劫坐命的人，與錢財的關係都屬空劫。有作為的人，推銷術好的人，會留名，是無法聚財的。他們在接受別人的推銷術方面也是較寬鬆的。有時候簡直是以『財去人安樂』的心態在接受推銷。

文昌坐命的人

文昌坐命的人，是文魁之星坐命的人。同時他們也屬空宮坐命的人，要看對宮（遷移宮）是什麼星，就能決定一生命程和運程以及專屬的推銷術了。

文昌星在巳、酉、丑、申、子、辰宮都是居旺的。文昌居旺坐命時，是性格耿直，精明之人。組織、策劃能力較強，善文墨，當然在推銷術方面算是不錯的了。但是文昌居旺單星坐命的人，因為善計較、計算、桃花弱一點，在人緣關係上欠佳。在進行推銷工作時，起頭開始時並不是很容易的。一直要等到別人對他有一點瞭解時，才會比較順利，願意接受他的推銷理念。

文昌在亥、卯、未宮居平，在寅、午、戌宮居陷，文昌星居陷坐命時，因為計算能力、精明度、策劃能力，以及人緣關係各方面都很差，相對的推銷術就很差了。有文昌化忌在命宮的人，也是推銷術有問題的人。他們會用奇怪、扭曲的思想方式來思考事情，或做不合於人情世故上的判斷，有糊塗的情況，讓人不敢領教，當然也不會接受他的推銷術了。

文昌坐命者的命格出現比率比較多的是文昌坐命申宮，有同梁相照或是有機陰相照的命格。這些人會長相美麗，人也精明。不過他們本身會有些疾病、病痛、帶病延年，健康情形不佳，以致於在運用推銷術上不能有始有終的創造完全勝利的佳績。

還有文昌星和文曲星同入命宮的命格，這必定是在丑宮坐命或未宮坐命的命格。有三組六種不同的命格，一組是坐命丑、未宮有武貪相照的命格。第二組是坐命丑、未宮有日月相照的命格。第三組坐命丑、未宮有同巨相照的命格。其中以命宮坐於未宮，對宮有同巨相照的命格，稱為『明珠出海格』為貴格。此命格財帛宮是陽梁，官祿宮是太陰居廟，古時多為狀元即第，為皇家招為東床佳婿的命格。今人若有此命格也會以考試入任，再夫以妻貴。因為此命格的人多半出身貧窮，長相文質俊俏，會唸書，為人相重為婿，再得岳家之助而得進陞之階的。

凡是命宮有昌曲同坐的人，相貌、人緣都是一流的，交際手腕高明，懂得拍馬屁，拉攏人，也會營謀設計，所以都是推銷術高明的人。他所推銷的就是自己。昌曲坐命的人，都有急躁不耐久的個性，容易貪小利、善於計算，和見風轉舵，因此推銷術雖高明，容易往上爬但富貴不耐久。

文昌坐命的人和昌曲坐命的人，在別人來推銷東西給他的接受度上，因文昌和昌曲都是時系星的關係。他們會善變，心情起伏不定，常反悔。所以要推銷東西給他時，一定要速戰速決，快點逼他答應，要不然一會兒他又變卦了。文昌和昌曲坐命的人都喜歡佔小便宜，所以在推銷時，別忘了給他一點優惠待遇和甜頭，否則他會一直猶豫不決的。

文曲坐命的人

文曲坐命的人，是文華之星坐命的人。主其人在科甲考試，名聲方面容易佔優勢。而且文曲坐命的人，主其人在異途功名上有機會成名。這是一種由特殊因緣際會而形成的成名機會，當然最主要的就靠的是本命中所擁有的桃花，所促成的好運機會了。

文曲坐命的人也是空宮坐命的人，要看對宮相照的是什麼星，以決定整個命理結構和命程以及推銷術的好壞方式。

文曲是以巳、酉、丑宮為廟地，而以卯、亥、未宮居旺以申、子、辰宮為居得地之位，以寅、午戌宮為居平陷之位。

文曲坐命者出現較多的命格，一種是坐命酉宮，對宮有機巨相照的人。前總統府資政章孝嚴先生就是此命格的人。他的財帛宮是天梁陷落，官祿官是日月，遷移宮是機巨，夫妻宮是空宮有日月相照。福德宮是天同。由其『命、財、官』、『夫、遷、福』等宮就可看出他的一生是在巨變和爭鬥中生活的人，而且所爭到的財利並不多。文曲坐命的人雖然很有口才，很會講話，也善於見風轉舵，但是他是屬於溫和命格的人，無法在險惡的環境中爭鬥，他的推銷術只能用在比較溫和的環境中，成為名人、名士，在政治環境中，推銷術就不成功了。另外他的朋友宮不佳為貪狼居平，表示沒有人會聽他的話，當然更不會接受他、服氣他的推銷術了。

還有一種非常多的文曲坐命之命格，是坐命於巳宮或亥宮，有廉貪相照的命格。坐命巳宮比坐命亥宮好。坐命巳宮的人之推銷術也比較高明一點。這些文曲坐命的人，多半從事推銷員、保險業、仲介業、房地產業之推銷工作，地位不會很高。他們所使用的推銷術就是運用油滑的口才、看人臉色，賺取薪資，回扣或差價的低層次的推銷術。

另外還有文曲坐命寅宮或申宮，有陽巨相照的命格，是比較多見的，此命格的人，夫妻宮有文昌星。坐命寅宮的人是口才欠佳。但內心精明幹練的人。命坐申宮的人是口才好，內心卻不夠精明的人。這兩種命格的人雖有一點差異，但都會做與人際關係、販賣、銷售有關的工作，也會做教師之類教書的工作。其推銷術只有一般平民百姓常人的標準。是一個道地薪水族的格局。此外還有機陰相照、同梁相照的命格也與此類相同。

文曲坐命的人，表示看起來聰明，討喜，但是為『即時桃花』和小聰明。也就是一時的討喜和一時的聰明變化。時間一長了，便讓人看出他的內涵欠缺，而且性格上有許多小毛病是無法讓人苟同的，這時就會遭到無情的白眼對待。而且他們的桃花常會偏向邪淫桃花方面，與色情和貪財好色有關。倘若要向文曲坐命者做推銷，最可利用的就是他們這方面的弱點，花遮羞費來保住自己，他們是絲毫不心疼的。而且，情色方面的要脅也是對他們最尖銳有力的強制屈從的力量了。

若是一般商品要推銷給他，請美女帥哥前去，多說好聽奉承的話，很快也能推銷成功給他。文曲坐命者永遠逃不過這個致命傷。

（文曲、文昌雙星一同坐命在丑宮或未宮，有同巨相照，有日月相照，有武貪相照的三種命格，在前面文昌坐命中已詳述，此處不再贅述。）

左輔坐命的人

左輔坐命的人，是帝座輔星坐命的人。他們也屬空宮坐命的人，要看對宮的星是什麼星，而定命格高低和一生命程以及推銷術的好壞。

左輔因為是月系星，他善變的速度雖沒有時系星坐命者快，但在性格上也屬猶豫不決，易左右搖擺之人。大致上講起來，他是剛直、聰明、有營謀能力，穩重，表面隨和，但內心有自己固執想法的人。一般都屬推銷術很不錯的人，尤其與同輩的親和力強，推銷理念或商品給同輩的能力更強。

在左輔坐命者的命格中最有成就的、推銷力最好的，就是左輔坐命酉宮有機巨相照的命格了。台塑集團的王永慶先生，以及中央研究院院長李遠哲先生，這二人都是左輔坐命酉宮，又有機巨相照命格的人。雖然這二人在事業領域上有所不同，但是在經營方面，一個是從事商業集團的經營，一個人是從事學術和自我成就方面經營，從推銷術的觀念來審視這二人的推銷手法，其實是沒有差別的。同樣都是在充滿爭鬥的環境中，以智取勝的謀略技術。

因為兩人又同是丙年生的人，有天機化權在遷移宮，有祿存、右弼在財帛宮，在命格中形成很好的『陽梁昌祿』格。更增加了推銷術的高明智慧。自然成就是會極高的結果了。另外，他們命格中的人緣桃花都是來相助的桃花，不會形成破局。相對也形成了極大的動力。雖然他們的朋友宮仍是不太好，為貪狼居平，朋友部屬中仍有許多不得力，不服氣的人，也不願意被說服。可是他們會利用自己的智慧，提高自己的身份，不用自己去面對這些人做推銷理念的工作。而用別人去傳達推銷信息，所以成功的推銷術還是在他們的手中掌握著。

左輔坐命者還有一些命格是推銷術不錯的人。例如坐命寅、申宮有同梁相照的人，或是有機陰相照的人。以及左輔、右弼雙星同坐命丑、未宮有日月相照的人，或是有武貪相照的人。這些人，前者是因為夫妻宮又有右弼星，此人會是一個極重視合作心態的人。用這種『與人結緣』、『合作』的方式來說服人，展現自己的推銷術，當然會容易成功的了。

有左輔、右弼同坐命宮的人，不論他的心態是溫和、軟弱的（有日月相照命宮的人）或是堅強剛硬的（有武貪相照命宮的人），他們同樣也明瞭『合作』的意義，因此會特別運用這種特性來幫助自己在人緣上的開創，達到收服人心，佈達自己理念的強勢推銷術。因此這種推銷術也是極為成功的推銷術了。

左輔坐命者對於別人要來推銷東西給他的接受度方面，在開始的時候會有一點阻力。他們會挑剔前來推銷物件的品質和內容。他們是需要細心琢磨和協商，經過多次和長時間的折衝，才能把東西推銷給他的。一般人都認為這種人很龜毛，但是明瞭他們的性格之後就見怪不怪了。我們可以看到王永慶先生在做六輕、七輕開廠時和銀行團的貸款協商，經過多年的討價還價，終於以最低的利息成交。也可以看到李遠哲先生在考慮當阿扁總統的行政院長時，始終搖擺不定，最後又回到中央研究所做院長了。這些情況都是左輔坐命者的特質性格使然。所以一般人當你要推銷物品給左輔坐命者時，你一定要有長期抗戰的精神，拿出不慌不忙的氣度來，常做磨功和協商，假以時日才會推銷成功的。

右弼坐命的人

右弼坐命的人，也是帝座輔星坐命的人。同屬空宮坐命的人，要看對宮相照的是什麼星，才能定其人的性格、命程格局，以及推銷術的好壞問題。

一般說起來右弼坐命的人，比較任性，專制、好強，表面看起來溫和、秀氣，有善心，但他喜歡管人。願意被他照顧，被他管的人，他才認為是自己人，特別對他好。不願被他管的人，要逃出他的愛心關懷範圍的，他便視若仇敵。因此右弼坐命的人，表面上看起來有桃花，有能力經營，但推銷術常是功虧一潰的，不完全會成功。

右弼坐命者最多的命格是坐命寅、申宮，有機陰相照，或有陽巨相照的人，或是有同梁相照的人。這些人都是命格屬於『機月同梁』格，做薪水族的人，所以他們的推銷術也是一般從事推銷工作，用以糊口的推銷術了。以前有個演員胡茵夢就是右弼坐命申宮，有機陰相照的人，其人的財帛宮是巨門陷落加化權，官祿官是太陽陷落加祿存。一生在是非爭鬥中賺取自己的財，有心無力，只是以是非爭論而出名，無法在本業中爭到名聲、地位，可見其推銷術的運用錯誤了。

右弼坐命的人，算是柔弱命格的人，要運用爭強鬥狠的推銷術是無法成功的。他們不像左輔坐命者有冷靜的頭腦來營謀。他們多半太情緒化、太任性、感情困擾太多，以致於無法發揮推銷術的手段和本領。右弼坐命者會有孩子氣的婦人之仁，很傾向朝家庭中畏縮。他們在人生的努力中只是求個人的生活舒適和溫飽，志向不夠遠大。這也是推銷術不能積極發展的原因。

右弼坐命者中以右弼獨坐酉宮，有紫貪相照的人，推銷術好一點，從事推銷工作，做保險業、仲介業都不錯，他們的財帛宮有左輔星，錢財由貴人幫助獲得，是最好施展推銷術的人。倘若是己年生的人，有貪狼化權來相照，在事業上也可創造一些成就。

通常右弼單星坐命的人很難會有左輔坐命者一樣成就高的命格。主要是桃花和任性、情緒不穩定的因素均高而影響了命程。他們在接受別人來推銷物品時，同樣也希望別人會表明立場，希望別人能提出會疼愛他、偏袒他，為他著想的事實證明。這種幼稚的心態，往往使他們常上當，但這是本性無法改變。所以你在要向右弼坐命的人推銷物品時，就要用類似哄小孩的方法，告訴他，你是如何在為他著想、偏袒他，如何為他省錢，又如何幫他賺錢的，這樣就能成功的把物品推銷給他了。

天魁坐命的人

天魁坐命的人，是『天乙貴人』坐命宮的人。也屬於空宮坐命的人，必須要看看對宮是什麼星，才能定出此人性格和一生命程及推銷術的好壞。

天魁坐命的人，是表面溫和，內心剛直的人，常無法隱瞞內心的想法，吞吞吐吐的會得罪人。有時也會心直口快的說話，也會得罪人。他們其實是設想得很周到，又善於分析事理的人。但遇到棘手的問題也仍會躲避，並不想直接得罪人。這也是一種溫和的命格，容易搖擺不定，拿不定主意的命格。通常他們還是想與人結善緣的。

天魁坐命較多的，就是坐命丑、未宮，有武貪相照命宮的人。或是有日月相照的命格。亦有同巨相照的命格。

前任高雄市長吳敦義就是天魁坐命丑宮，有武貪相照的命格。這個命格有武貪相照，相對的也就強勢了起來。但是空宮坐命的人，在基本性格上多少都會有摸糊地帶，也常會有思想搖擺不定的顧慮，也會有一時想法錯誤，判斷錯誤的問題。尤其是遇到關鍵時刻更加嚴重。常常在運氣不強的時候，推銷術就不靈光了。在八七年選舉時，吳敦義先生走的是空宮弱運。所以會在最後關頭運用戰術失敗而敗下陣來，失去了市長的寶座。

天魁坐命的命格並不多見，它不如天鉞坐命的人多。能功成名就的人也更少了。天魁坐命者在接受別人的推銷方面，也會是一個龜毛的人。磨來磨去，一直要等有別的機會變化時，才會表現自己的意思，看是不是同意接受，但是往往在時間變化中，事情的本質也變化了。所以讓他能掌握事情的機率也變化消失了，悔恨不已。若要推銷物品給天魁坐命的人，必須要多次提醒他『時不我與』的問題。用時間問題去壓迫他，讓他早點做決定才行。

天鉞坐命的人

天鉞坐命的人，是『玉堂貴人』坐命宮的人。也屬於空宮坐命的人，必須看對宮是什麼星，才能決定一生命程和其人的推銷術。

天鉞坐命的人，都有比較溫和，有點懶的性格，愛撒嬌，愛享福。做事沒有積極的奮鬥力，做不做的成功也沒關係。他們喜愛表現，喜歡討好別人。所以在施行自己的推銷術方面，都是在展現自己的能力或展現自己外表的美麗去討別人喜歡的方式，並不見得注重結果，不管是推銷物品或推銷理念，只要別人看到了，他也做過了，推銷成不成功，他並不強求。所以一般人並不十分在意他們在推銷什麼。他的推銷術對別人也不產生壓力，所以天鉞坐命者的推銷術是虛有其表的，也不見得有成果的。

天鉞坐命者比較多的人，是坐命於酉宮、未宮、申宮或巳宮的人。坐命寅宮的人比較少。天鉞坐命的人就怕命宮有擎羊、陀羅同宮，這樣的命格就會以擎羊、陀羅為主，稱為擎羊坐命或是陀羅坐命的人了。在相貌和性格思想上也會有美中不足的事，不是太陰險奸詐了，就是有點笨，頭腦轉不過來，推銷術也就不佳了。

天鉞坐命的人也怕『財、官』二位有羊陀、化忌、空劫，會造成賺錢、用錢沒有方法，同樣也是智能不好的表現。其人的推銷術也會不佳。天鉞坐命者更怕『夫、遷、福』三宮有羊陀、化忌、劫空入內。一生所經歷的環境不佳，或由內在思想造成的問題，更是無法達到一定的成就，這是很苦惱的事。

天鉞坐命的人很愛美，又愛表現，喜歡討好別人，要別人的疼惜寵愛，常讓人覺得他們沒有什麼中心思想，其意識形態又都是在注意一些無聊的事，工作力和奮鬥力都不強。這些性格特點都是因為天鉞帶桃花的問題所產生的，他們又特別注重感情問題，一生的事業成就會受到限制。所以推銷術算是不佳的了。

天鉞坐命的人當別人來向所推銷物品時，若懂得利用他性格上的弱點，多去捧他，說好聽的話稱讚他、寵他，他很快的就會接受推銷品了。他們一

如何掌握你的桃花運

向愛美又喜歡美麗的事物。因此華麗、不實際的用品，不論多貴都是可以很容易的銷售給他們的。他們永遠就是那個愛美、天真、不知天高地厚、又愛享受的高價位的消費者。

第六章 推銷術——贏的關鍵時間和概率問題

在前一章節中所談及各種命格的人所擁有『推銷術』的好壞問題時，其實在各個人自已所擁有的『推銷術』中已包含了『懂得掌握時間和概率問題』這個重要的因素了。就是說懂得掌握時間和成功概率的人，就是能把握推銷術成功的人。自然，時機掌握不好的人推銷術成功的概率也就不高了。

成功的推銷術中，時間和概率是成正比的。

在每個人的命格中，以推銷術的規點來講，時間上的好壞，差不多有一定的模式。在紫微命理中，把所有人的命格分成『十二種命盤格式』。也就是『紫微在子』命盤格式、『紫微在丑』命盤格式、『紫微在寅』命盤格式、『紫微在卯』命盤格式、『紫微在辰』命盤格式、『紫微在巳』命盤格式、『紫微在午』命盤格式、『紫微在未』命盤格式、『紫微在申』命盤格式、『紫微在酉』命盤格式、『紫微在戌』命盤格式、『紫微在亥』命盤格式等十二個命盤格式。實際上，這十二個命盤格式就是十二種『時間上運行模式』。

我們看屬於『紫微在子』命盤格式的人，在子年都會走『紫微』這個流年運程。在丑年都會走空宮運，有同巨相照的運程，運氣不太好。在辰年也一定會走廉府的運程。這些流年運程是固定的。也就是說只要是命盤格式是『紫微在子』的人，屬於流『年』的時間是固定的。

另外在流月的時間上，只要是命格屬於『紫微在子』命盤格式的人，又是生於正月子時的人，在辰年時一月必走廉府運，二月必走太陰陷落運，三月必走貪狼居旺運，四月必走同巨運……。若是生於二月丑時的人，辰年的一月也是走廉府運。二月走太陰陷落運，三月走貪狼居旺運……等等。

還有在流日上，命格是屬於『紫微在子』命盤格式的人，生於正月子時的人，和生於二月丑時的人一樣，在辰年時的一月初一，都是走廉府的流日運程。由這樣的一個相似的共通性來看。無論怎樣，只要是屬於『紫微在子』命盤格式的人，在時間問題上，就逃脫不了在『紫微在子』命盤格式中運行了。更加上，他們在流時上，子時一定走的是流時的紫微運。在丑時一定走的是流時的空宮運，有同巨相照的運程。在寅時走的是破軍運。如此更顯現出在時間上的共通性來。同樣的，『紫微在丑』命盤格式的人，所走的運程與時間上的特性也同樣脫離不了『紫微在丑』命盤格式之中的規格。其他的命盤格式的人也一樣，脫離不了自己所屬的命盤格式的規格。所以每種命盤格式的人就有了自己專屬的旺運時間和弱運時間。旺運時間、好運時間，就是你能成功把握推銷術成功的概率的時間了。

現在來看看各命盤格式所主掌推銷術的好時間，以及成功概率。

1.『紫微在子』命盤格式

屬於『紫微在子』命盤格式的人們，在你們能成功的運用推銷術，創造富貴人生的時機，就有下列幾個時間：

一、是當流年、流月、流日行經子宮（紫微運）、寅宮（破軍運）、辰宮（廉府運）、午宮（貪狼運）、申宮（武相運）、戌宮（七殺運）時是最有利施展推銷術的時間。而且能達到推銷術成功至少有80％的成功概率。除此之外，其的時間都是概率不高的時間。

二、當流時在子時（紫微運）、寅時（破軍運）、辰時（廉府運）、午時（貪狼運）、申時（武相運）、戌時（七殺運）等六個時辰是在一天當中最具有推銷術成功概率的時間。除此之外，其他的時辰都是概率較差的時辰。

①紫微在子

太陰（陷） 巳	貪狼（旺） 午	天同（陷） 巨門（陷） 未	武曲（得） 天相（廟） 申
廉貞（平） 天府（廟） 辰			太陽（平） 天梁（得） 酉
卯			七殺（廟） 戌
破軍（得） 寅	丑	紫微（平） 子	天機（平） 亥

在『紫微在子』命盤格式裡利於推銷術的時間中，屬於萬事吉祥的好時

間在子時，是在晚間十一時至凌晨一時的時候，除非是在夜間工作的人，像是做廣播電台上班的人，或其他的夜間工作者才適合用。像戌時的『七殺運』也一樣。在白天適合推銷的時間，有辰時的廉府運，午時的貪狼運，申時的武相運。辰時是早上七、八點鐘，大家趕去上班、上學的時間。午時是中午午飯的時間。下午申時是大家即將下班，心情放鬆的時間。這些時間都是利於施展推銷術的時間。

記得曾經有一位超級推銷員，為了要拿一張大工廠的保險單的生意，大清早穿著運動服到該工廠老闆固定晨運的地點慢跑，假裝是無意間碰上的。隨後，他天天到該地陪這位老闆慢跑。跑了一個多月，終於簽下了這個工廠的一張大保單。可見這位推銷員的好時間就在清晨的時候，而且他也很會利用自己的吉運時間，發展了推銷能力，使成功的概率增強了百分之百。所以，把握每一個好運時間是非常必要的。

2. 『紫微在丑』命盤格式

屬於『紫微在丑』命盤格式的人們，能夠成功掌握推銷術的時間，創造富貴人生的高概率的關鑑時刻有下列幾個時間：

一、是當流年、流月、流日行經子宮（天機居旺運）、丑宮（紫破運）、卯宮（天府運）、午宮（巨門居旺運）、未宮（天相運）時，是最有利施展推銷術的時間。可以達到成功概率的80％。

本來『殺、破、狼』格局時間裡大體上都是適合展開推銷術的，但是在『紫微在丑』命盤格式中，有武殺和廉貪兩個時間是不利的。『武殺運』是辛苦而所獲不多的時間，是吃力而不討好的時間，此時做推銷工作，可能會得不償失。『廉貪運』是人緣不好的時間，此時別人會看你不順眼，處處找碴，縱使想委曲求全都辦不到，所以無法能用。倘若你不相信，可以試試看。

②紫微在丑

廉貞(陷) 貪狼(陷) 巳	巨門(旺) 午	天相(得) 未	天同(旺) 天梁(陷) 申
太陰(陷) 辰			武曲(平) 七殺(旺) 酉
天府(得) 卯			太陽(陷) 戌
寅	紫微(廟) 破軍(旺) 丑	天機(廟) 子	亥

在子宮的天機運，是事情變化快速的時間，而且會突然轉向好的變化，只要你能確實抓住『變』的速度和機巧的應變性，你便可推銷成功了。在午宮的『巨門運』，是在是非混亂中，運用口才多的解釋、訴說來達成推銷目的的時間。這完全要看你本身應變能力和說話技巧的能力了。能掌握這兩種能力的人，就能推銷成功了。其他的好時間是溫和的，必須一板一眼著力的時間，成敗端看人的努力有多少了。其他的壞時間，例如申宮的同梁運是溫和、懶惰的時間，因為在流年、流月、流日行經這一年、這一月或這一天時，你會心性較懶散，沒有衝勁，工作不賣力，而失去推銷上之工作能力，故不可用。

二、是當流時在子時（天機運）、丑時（紫破運）、卯時（天府運）、午時（巨門運）、未時（天相運），這幾個流時時間是最好的推銷時間。但是子時、丑時全在夜間，很多人無法用。卯時又太早了，並不是人人都有機會碰到會晨運的老闆，所以也不一定能用。在白天中適合工作的時間裡，就只有午時（巨門運）、未時（天相運）這兩個好時間可用來做推銷工作了。

3.『紫微在寅』命盤格式

屬於『紫微在寅』命盤格式的人們，能夠成功掌握推銷術的時間，創造富貴人生的高概率的關鍵時刻有下列幾個時間：

一、是當流年、流月、流日行經子宮（破軍運）、寅宮（紫府運）、辰宮（貪狼運）、巳宮（巨門運）、午宮（廉相運）、未宮（天梁運）、申宮（七殺運）、戌宮（武曲運）時，都是好的推銷術施展高概率的時間。

『紫微在寅』命盤格式中的好時間要比前一、兩個命盤格式的人要多一點，這是命盤格式本身結構的問題。

在子宮的破軍運，是不顧一切，有衝動想突破困難、全力以赴的決心。所以可以大膽邁進，以不按常理之法，展現特殊、怪異推銷術的時間。有時

③紫微在寅

巨門(旺) 巳	天相(廟) 廉貞(平) 午	天梁(旺) 未	七殺(廟) 申
貪狼(廟) 辰			天同(平) 酉
太陰(陷) 卯			武曲(廟) 戌
天府(廟) 紫微(旺) 寅	天機(陷) 丑	破軍(廟) 子	太陽(陷) 亥

候別人會為這種突愕的境況訝異，但只要腦袋不是太頑固的人，都會以你的勇氣可佳而願意接受你的推銷術。除非你是碰到頑固又偏執的人，才會踢到鐵板，而推銷術無效。在寅宮的紫府運，是勤勞努力，一板一眼，腳踏實地，誠誠懇懇的態度去做推銷工作，而讓客戶敬重你的人格和工作態度，而達成推銷手段的一個好運時間。

在辰宮的貪狼運，是機會非常多，而你的人緣給你帶來更多的機會。你必須快速的，好好選擇、好好把握才有的適合展現推銷術的時間。運氣好、機會多。但是無法選擇到最好的時機來推銷，時間和機會也是稍縱即逝的。

在巳宮的巨門運，是具有競爭性強，是非口舌多，很混亂的一個時間。在這個時間，你一定要口才比別人好，推銷術才會成功。通常你在走巨門運時，口才說詞都是一流的，這是不用煩惱的。只要巨門是居旺的，就一定會贏。

在午宮的廉相運，是有一點笨笨傻傻的、沒有智慧，也沒有計謀和策劃，只等在那裡，準備在別人爭鬥完畢時，你來撿些剩餘的好處或是替人料理善後，而使人心懷感激時，讓你推銷一下。在這個時間裡，你甚至不用多費口舌推銷，也能拿到一、二件工作案子。

在未宮的天梁運，是容易碰到有貴人相助的時間運程。在這一年中、這一月中、或這一日中，長輩型的人，比你年紀大的人，或比你年紀小很多的人，都可以為你帶來好運，會接受你的推銷。所以你要向這些人去推銷就對了！

在申宮的七殺運，是埋頭苦幹，極力去爭取一切機會的時間運程。你必須付出比平時多一倍的體力和血汗，不怕難堪和艱苦，用意志力去戰勝環境，別人看到你的苦幹精神而佩服你，會接受你的推銷。

在戌宮的武曲運，是運用你個性中剛直的一面，以及對金錢的敏感力，找到適合的對象，而加以說明。在這個過程裡，你剛直的性格，一板一眼，品行正直、做事負責、講信諾，就是你掌握到推銷術的精髓了。在這個運程中，也是你運用推銷術，得到最大利益的時候。利益之大，超過了你在其他運程中之所得。

二、當流時在子時（破軍運）、寅時（紫府運）、辰時（貪狼運）、巳時（巨門運）、午時（廉相運）、未時（天梁運）、申時（七殺運）、戌時（武曲運）等八個時辰，是在一天中最具推銷術成功概率高的時間，另外四個時辰是成功概率差的。

在『紫微在寅』命盤格式中的人一天之中，子時在夜間，寅時太早了，白天從辰時起，一直到太陽下山，都是具有可展現推銷術的好時間。運氣實在太好了。所以擁有這個命盤格式的人，是比較有成就，和比較快活的人。

4.『紫微在卯』命盤格式

屬於『紫微在卯』命盤格式的人們，能夠成功掌握推銷術的時間，來創造富貴人生的高概率關鍵時刻的，有下列幾個時間：

一、是當流年、流月、流日行經丑宮（

④紫微在卯

天相(得) 巳	天梁(廟) 午	廉貞(平) 七殺(廟) 未	申
巨門(陷) 辰			酉
紫微(旺) 貪狼(平) 卯			天同(平) 戌
天機(得) 太陰(旺) 寅	天府(廟) 丑	太陽(陷) 子	武曲(平) 破軍(平) 亥

天府運）、寅宮（機陰運）、卯宮（紫貪運）、巳宮（天相運）、午宮（天梁運）、未宮（廉殺運）時，是施展推銷術較易成功的時間。

在『紫微在卯』命盤格式中，以丑宮的天府運，和巳宮的天相運，是在平和中，一板一眼的努力而成的，必須做人謹慎小心，做事規矩公正，勤奮努力，得到別人的肯定才能推銷成功。

在寅宮的機陰運，是推銷成功率只有50％至60％，因為外界變化是起伏不定的，要看機會好不好才能決定成功的概率。

在卯宮的紫貪運，是外界有一丁點的好運。但仍需靠自己在人緣方面的努力，才能把推銷術發展出去。此推銷術的概率比前者高，約在70％左右。

在午宮的天梁居旺運，是由貴人運所組成的好運模式。若向長輩型的人，和年紀大的人，以及年紀較小的人來推銷，其成功率是百分之百的。若向同年紀的人來推銷，其結果則不一定強了。

在未宮的廉殺運是以奮戰苦幹的精神來推銷的，其成功概率只有30％，因為不太通人情世故，所以也許是成果不彰的結局。

二、當流時在丑時（天府運）、寅時（機陰運）、卯時（紫貪運）、巳時（天相運）、午時（天梁運）、未時（廉殺運）時，這幾個流時時間是最利於推銷的時間了。但是丑時、寅時、卯時都太早了。所以只有利用白天裡，巳時、午時和未時這三個時間來做推銷。但巳時和未時都算是營謀能力並不特別好的時間，所以只有規規矩矩、老老實實的做好自己本份的事情，讓別人感動於你的誠心，才會稍有機會推銷成功的。

5. 『紫微在辰』命盤格式

屬於『紫微在辰』命盤格式的人們，能夠成功掌握推銷術的時間，有下列幾個時間：

一、是當流年、流月、流日行經子宮（武府運）、丑宮（日月運）、寅宮（貪狼運）、卯宮（機巨運）、辰宮（紫相運）、午

⑤紫微在辰

天梁（陷） 巳	七殺（旺） 午	未	廉貞（廟） 申
紫微（得） 天相（得） 辰			酉
天機（旺） 巨門（廟） 卯			破軍（旺） 戌
貪狼（平） 寅	太陽（陷） 太陰（廟） 丑	武曲（旺） 天府（廟） 子	天同（廟） 亥

宮（七殺運）、申宮（廉貞運）、戌宮（破軍運）、亥宮（天同運）等九個特別的時間。這些都是發展推銷術有高概率成功機會的時間。

在子宮的武府運，和在丑宮的日月運，都是你特別的愛賺錢，對金錢有敏感力，而努力要說服別人，才來施展推銷術的。在子宮的武府運裡，你有百分之百的成功概率。在丑宮的日月運中，你只有50％的成功概率。

在寅宮貪狼運中，你的人緣關係很薄弱，因此推銷術的成功概率只有40％而已。

在卯宮的機巨運中，你的人緣關係不算好，頗有口舌是非的辯論，但在辯論之中會產生情緒和機會的變化，會變好，反而成功的概率有60％左右。

在辰宮的紫相運中，紫相只是平和的運程，必須用正派的，好脾氣，善處理事務，排紛解難的態度才能完成推銷成功的好成果。成功概率在80％左右。

在午宮的七殺運，只是辛苦打拚的運程，推銷成功的概率只有50％左右。

在申宮的廉貞運，是積極營謀、策劃，爭鬥力、競爭力都強的運程，推銷成功率在80%以上。在戌宮的破軍運，也是爭鬥力、競爭力強的運程，雖然營謀能力不見得強，但是能突破別人的防線，大膽衝動，所以推銷成功率也能達到80%左右。

在亥宮的天同運，是溫和、懶惰的運程，但人緣好，溫和，使別人沒有防備，可以很輕鬆的達到推銷效果。但此運不算積極，所以推銷成功率在60%左右。

二、當流時在子時（武府運）、丑時（日月運）、寅時（貪狼運）、卯時（機巨運）、辰時（紫相運）、午時（七殺運）、申時（廉貞運）、戌時（破軍運）、亥時（天同運），以上這幾個流時時間是最好的推銷時間，因子、丑、寅、卯幾個時辰，不是在夜間，就是在清晨太早了不好用。以白天的時間如辰時、午時、申時都非常好，晚間的戌時、亥時，也是很多推銷者愛用的時間。因此『紫微在辰』命盤格式的人，有了這麼多可推銷的好時間，在工作上進陞等級上真可說是一帆風順的了。

6. 『紫微在巳』命盤格式

屬於『紫微在巳』命盤格式的人們，是最多從事推銷工作業務的人。此命盤格式的人能夠掌握機會推銷的時間，有下列幾個時間：

一、是當流年、流月、流日行經子宮（同陰運）、丑宮（武貪運）、寅宮（陽巨運）、巳宮（紫殺運）、亥宮（天府運）是施展推銷術較易成功的時間。

子宮的同陰運是你具有溫和、善於感覺，體諒別人，能察言觀色，用感情及柔性訴求打動別人去推銷自已商品的時間。別人會受到感動而接受推銷，因此成功的概率頗高，在80%以上。

丑宮的武貪運，是你突然開竅了，具有對金錢的敏感度，而且奮發努力的朝向賺錢的目標邁進，此時你的運氣突然也變得特別好了，你會利用人緣

⑥紫微在巳

紫微(旺) 七殺(平) 巳	午	未	申
天機(平) 天梁(廟) 辰			廉貞(平) 破軍(陷) 酉
天相(陷) 卯			戌
太陽(旺) 巨門(廟) 寅	武曲(廟) 貪狼(廟) 丑	天同(旺) 太陰(廟) 子	天府(得) 亥

機會去達到推銷目的，因此推銷成功的概率在90%以上。

寅宮的陽巨運，是你心情開朗，漫不經心、周圍的環境又是紛擾是非多的狀況下，你也順便插一腳，看到人多，動動口舌推銷一下。在這種狀況下，推銷術的成功率並不高，只有40%至50%之間。也就是可能成功，可能不會成功了。

巳宮的紫殺運。是你在謹慎小心中進行推銷術，你為了保持自己專業強勢的地位，並不想拉下臉來賠小心，說巴結諂媚的話，打拼能力是不足的，因此推銷術的成功率並不是最高的，只有60%左右。

亥宮的天府運，是你在謹慎小心中，一板一眼、做好自己份內的工作，把你專業推銷的理念、誠實的告知顧客，在得到信任後，推銷術才發展成功。因為顧客對你的感覺不一樣，有的好，有的差，所以推銷成功率在60%左右。但是還會成功的。

二、當流時子時（同陰運）、丑時（武貪運）、寅時（陽巨運）、巳時（紫殺運）、亥時（天府運）這五個時辰時，是最好的推銷時間，但是子時、丑時、寅時，都是在夜間和清晨，不太好利用。白天只有巳時是好時間，利於做推銷工作。亥時是在晚間九點以後，至十一點以前時間，除非你有特別的客戶需要你的服務，一般在此時也是無法做推銷工作了。因為『紫微在巳』命盤格式的人，只有在白天早上九點至十一點之間的這段時間是擁有推銷成功率最高的時間，此命格的人要好好把握才是。

7. 『紫微在午』命盤格式

屬於『紫微在午』命盤格式的人們，能夠成功掌握推銷術的時間，有下列幾個時間：

一、是當流年、流月、流日行經子宮（貪狼運）、寅宮（武相運）、卯宮（陽梁運）、辰宮（七殺運）、午宮（紫微運）、申宮（破軍運）、戌宮（廉府運）、亥宮（太

⑦紫微在午

天機(平) 巳	紫微(廟) 午	未	破軍(得) 申
七殺(廟) 辰			酉
太陽(廟) 天梁(廟) 卯			廉貞(平) 天府(廟) 戌
武曲(得) 天相(廟) 寅	天同(陷) 巨門(陷) 丑	貪狼(旺) 子	太陰(廟) 亥

陰運）時，都是具有較易施展推銷術的良好時間。

『紫微在午』命盤格式的人，一生的運程以『主貴』為主。這個命盤格式的人多半會以在公職或學術界、軍警界中任職。所以你們的推銷術多以在自身進階上做努力，很少會去做直接推銷商品買賣工作的。

子宮的『貪狼運』是人緣關係和機會都十分暢旺的好時機，你會不由自主的快活的活動起來，力求表現，以達到自己的推銷標準。推銷成功的概率近百分之百。

寅宮的武相運，是你金錢的敏感力，和對做事的負責態度，以及在做人方面的誠懇，讓周圍的人對你刮目相看，因此達到成功推銷自己的目的。推銷成功率在70％左右。

卯宮的陽梁運，是你在身心上開朗寬懷，對人有溫和慈善的心胸，讓人受到感召，而特別對你推崇有加，願意接受你的推銷術，因此推銷成功率在90％左右。

辰宮的七殺運，是你埋頭苦幹，奮戰不懈的要達到一個目標，雖然營謀不夠好，但努力的成果還是在，因此推銷成功率在60%左右。

午宮的紫微運，是你具有專業的知識和領導力，使在你周圍的人都深感你的地位崇高，眾人臣服，願意接受你的推銷術。因此在這時候，你的推銷成功率是百分之百的。

申宮的破軍運，是你在積極打拚中，有得有失，但你仍不顧一切的想打破舊觀念、舊制度所做的推銷術。這個時間中，性格弱勢的人會被你吸收臣服，性格強勢的人並不見得會接受你的推銷術，因此推銷術成功率只有50%左右。

戌宮的廉府運，是你在運用交際手腕和人際關係相互摩擦，生熱發光的時間。此時你的推銷術是完全以自私心態來推展的，別人也會感覺到你的企圖心，因此你會受到一些阻力。但最後你的營謀大部份還會成功，推銷成功率並不特別高，只有60%至70%之間。

亥宮的太陰運，是你具有多情善感的心思，用動之以情的方式去推銷自己的理念或商品。大多數的人會被你打動。少數的人會不為所動。因此推銷成功率在70%左右。

二、是當時子時（貪狼運）、寅時（武相運）、卯時（陽梁運）、辰時（七殺運）、午時（紫微運）、申時（破軍運）、戌時（廉府運）、亥時（太陰運）這八個時辰是有利於推銷的時間。

但是子時在夜間，寅時、卯時在清晨，太早了。在白天有辰時、午時、申時是最好運用推銷術的時間。在晚間有戌時和亥時是最好做應酬、巴結上司，有利升官運作，推銷自己的良好時間。

8. 『紫微在未』命盤格式

屬於『紫微在未』命盤格式的人們，能夠成功掌握推銷術的時間，來創造富貴人生的高概率關鍵時刻的，有下列幾個時間：

一、是當流年、流月、流日行經子宮（

⑧紫微在未

巳	天機(廟) 午	紫微(廟) 破軍(旺) 未	申
太陽(旺) 辰			天府(旺) 酉
武曲(平) 七殺(旺) 卯			太陰(旺) 戌
天同(平) 天梁(廟) 寅	天相(廟) 丑	巨門(旺) 子	廉貞(陷) 貪狼(陷) 亥

巨門運）、丑宮（天相運）、寅宮（同梁運）、辰宮（太陽運）、午宮（天機運）、未宮（紫破運）、酉宮（天府運）、戌宮（太陰運）時，是施展推銷術較易成功的時間。

具有『紫微在未』命盤格式的人，也是最容易投入推銷業界的人。這個命盤格式的人，也主要是以打拼、奮鬥為人生第一目標的人。

我們看在子宮的巨門運，是屬於是非爭鬥多，以及用口才上的特殊才能來化解紛爭力量的施展推銷術的方法和時間。所以在巨門運裡，奮鬥力和競爭力是特別強。處變不驚，以口才致勝的力量也是最強的。推銷成功概率在80％左右。

丑宮的天相運，是你會擁有溫和、善於處理事務的方法和態度，去博得客戶的信任，而讓你達到推銷成功。推銷成功率在70％左右。

寅宮的同梁運，是你會用溫和、善於對客戶服務的心理，讓客戶對你優良的服務態度稱讚不已，而達到推銷成功的高概率時間左右。但這個時間的成功概率仍是比其他的時間稍薄弱一點，只有50％左右。

辰宮的太陽運，是你的運氣很旺，內心又很寬宏仁慈，對別人不計較又能把希望帶給大家。因此客戶會對你的博愛、寬大的心胸，以及服務的態度好，而達到高概率的成功推銷。

午宮的天機運，是你的外在環境在不斷產生變化，而好運氣主導好的變化多一些，讓你在變化中掌握到成功推銷的高概率。

未宮的紫破運，是你在穩定中又特別具有衝動、奮發、打拚的能力，要去突破一些禁忌或難關，創造更高的目標。在這個流年、流月、流日的時間中，你可以掌握到用新方法去推銷成功的高概率，是成果是非常輝煌的。

在酉宮的天府運，是你會用謹慎小心的態度，精明的計算能力，以及一板一眼的工作態度，贏得別人的信賴，而讓你推銷成功的好時間。

在戌宮的太陰運程，你會用溫柔、善解人意的細膩心思，去體會揣摩別人所想要的服務或需要，以這種體貼為出發點的心態，讓你掌握到成功推銷的法則，而達到成功推銷的高概率。

二、當流時在子時（巨門運）、丑時（天相運）、寅時（同梁運）、辰時（太陽運）、午時（天機運）、未時（紫破運）、酉時（天府運）、戌時（太陰運）時，這八個利於推銷的好運時間裡，子時、丑時都在夜間，寅時、辰時在早上太早了。白天中尚有午時、未時、酉時是非常好的利於推銷成功的時間。晚間的戌時是增進瞭解、表達細膩感情、促進人際關係的好時間，倘若延續白天的推銷工作，也會是非常成功，一本萬利的高概率推銷成功的時間。

9. 『紫微在申』命盤格式

屬於『紫微在申』命盤格式的人們，能夠成功掌握推銷術的時間，來創造富貴人生的高概率時刻的，有下列幾個時間：

一、是當流年、流月、流日行經子宮（廉相運）、丑宮（天梁運）、寅宮（七殺運

⑨紫微在申

太陽（旺） 巳	破軍（廟） 午	天機（陷） 未	紫微（旺） 天府（得） 申
武曲（廟） 辰			太陰（旺） 酉
天同（平） 卯			貪狼（廟） 戌
七殺（廟） 寅	天梁（旺） 丑	廉貞（平） 天相（廟） 子	巨門（旺） 亥

）、辰宮（武曲運）、巳宮（太陽運）、午宮（破軍運）、申宮（紫府運）、酉宮（太陰運）、戌宮（貪狼運）、亥宮（巨門運）時，是施展推銷術最容易成功的時間。

『紫微在申』命盤格式的人，是所有的命盤格式中，具有成功的推銷術好運時間最多的人。同時他們也是能發展推銷成功概率最高的人。『紫微在申』命盤格式中的人，能成就大事業的人最多，也就是因為他們的推銷術最精湛，好運時間也多的原因而使然。

此命盤格式的人，在子宮的廉相運，是你會一板一眼的做事，很細心、很謹慎的留意客戶的需要。雖然你在此時的策劃營謀的能力不佳，但是你誠懇的態度，讓客戶不會刁難你，反而促成讓你推銷成功。

丑宮的天梁運，是你在此時是有高智慧和高知識，又得到年長者、長輩型人物的欣賞，而能推銷成功。推銷成功率是很高的。但你必須具備專業知識和熱心、慈愛的服務精神才行。

在寅宮的七殺運，是你埋頭苦幹、積極打拼、奮力工作、流血流汗之後

紫微推銷術

而有的推銷業績，因為沒有用太多的頭腦去計劃營謀，成果只是一般，推銷成功率只在50%至60%之間。

在辰宮的武曲運，是你在此時具有精確的對錢財的敏感力，而向錢看齊所發展的推銷術，此時的推銷成功率很高，幾乎是百分之百的成功。

在巳宮的太陽運，是你敞開胸懷，用寬大博愛的力量，以及熱情、公正的處世態度，發展了最佳的推銷術。此時也是你旺運沸騰的時候，眾望所歸，所以大家推崇你，愛戴你，願意接受你的推銷。其推銷成功率也是百分之百的成功。

在午宮的破軍運，你在這個運程中是喜歡打破以前傳統的規則，用最新的方法，向不同的環境去開疆闢土的展開推銷術的。當然所獲甚豐，雖不是每件推銷案例皆勝，但成功率也有八、九成之多了。

在申宮的紫府運，是你在此時具有一種富裕的心態，能用很平和、公正、高貴的態度，以及精明透徹的理念來施展推銷術。當然在此時運程所展現的推銷術是極為高段、技巧高明的推銷術了。不論是你的客戶或周遭的人都會心悅臣服的接受推銷。其推銷成功率有百分之百的成功。

在酉宮的太陰運，是你用纖細精密的感覺神經，很敏感的洞悉客戶的需要，而用很感性的態度向對方推銷。成果也十分輝煌。

在戌宮的貪狼運，是你在此時具有特別的好運和精通人際關係，相互結合成有利的推銷術。在這個貪狼運的時間內，你同時也是有特別的聰明機巧，和具有快速的時效性，因此你的推銷術是速度快又準確的，一發即中。

在亥宮的巨門運，是你在此時具有良好的口才，而且不畏競爭和爭鬥，也不怕麻煩、紛亂。應用了極佳的口才藝術而達到推銷成功的目的。

二、當流時在子時（廉相運）、丑時（天梁運）、寅時（七殺運）、辰時（武曲運）、巳時（太陽運）、午時（破軍運）、申時（紫府運）、酉時（太陰運）、戌時（貪狼運）、亥時（巨門運）等十個時辰中全都是利於推銷成功的好時間。顯然子時、丑時在夜裡不好應用，寅時又太早了，也不好應用。在白天裡有辰時、巳時、午時、申時、酉時等時間可應用，只有卯時和未時不適合。在晚間又有戌時、亥時可繼續白天未完的推銷工作，實在運氣太好。有這樣多的時間適合做成功的推銷術。難怪『紫微在申』命盤格式的人，是事業和人生最容易成功的人。

10. 『紫微在酉』命盤格式

屬於『紫微在酉』命盤格式的人們，能夠成功掌握推銷術的時間，來創造富貴人生的高概率時刻的，有下列幾個時間：

一、當流年、流月、流日行經子宮（天梁運）、午宮（太陽運）、未宮（天府運）、酉宮（紫貪運）、亥宮（天相運）時，是施展推銷術較易成功的時間。

『紫微在酉』命盤格式的人，其實並不適合做推銷業，因為在此命盤格式中武曲財星與好運星貪狼，以及營謀之星廉貞和奮鬥

⑩紫微在酉

武曲(平) 破軍(平) 巳	太陽(旺) 午	天府(廟) 未	天機(得) 太陰(平) 申
天同(平) 辰			紫微(旺) 貪狼(平) 酉
卯			巨門(陷) 戌
寅	廉貞(平) 七殺(廟) 丑	天梁(廟) 子	天相(得) 亥

之星破軍，以及敏感、善感之星太陰，皆居平位，而有口才之利的巨門星又居陷落之位。可以說絕大多數利於推銷術的發展的星座都不強，感覺能力差，在推銷方面的謀智慧也差，所以這個命盤格式的人，在時間上也沒有太多的好時間來利於推銷。因此這個命盤格式的人，是屬於推銷術較差的人。

在子宮的天梁運，是你在這個時間內，會用自己的名聲做基礎，再以足智多謀，具有知識專長，再加上一點愛心，來施展你的推銷術。在這個『天梁運』的時間內，你最能吸引長輩型、年紀比你大的人，以及比你小很多的人，來接受你的推銷。推銷成功率在70%左右。

在午宮的太陽運。在此時你會以坦蕩、寬宏的胸懷，和公正的態度，以及開朗的性情來發展你的推銷術。運氣非常好，推銷成功率很高，在95%左右。

在未宮的天府運，你在此時是以精明的計算能力，和一板一眼負責的態度，贏得別人的信賴，而接受你的推銷。成功率非常高。

在酉宮的紫貪運，你在此時，是以特別圓滑的交際手腕和對人際關係的熱衷投入，來達到推銷目的的，成功率頗高。有80%左右。

在亥宮的天相運，你在此時是用無私公正的服務態度，去贏得別人的認同而施展推銷術的。但成功率並不很高。只有50%至60%之間。

二、當流時子時（天梁運）、午時（太陽運）、未時（天府運）、酉時（紫貪運）、亥時（天相運）這五個有利於推銷的好運時間裡，子時、亥時在夜間不好用。白天中只有午時、未時、酉時可利用，所以命格在這個『紫微在酉』命盤格式的人，必須好好把握應用了。

11.『紫微在戌』命盤格式

屬於『紫微在戌』命盤格式的人們，能夠成功掌握推銷術的時間，來創造富貴人生的高概率關鍵時刻的，有下列幾個時間：

一、是當流年、流月、流日行經子宮（七殺運）、寅宮（廉貞運）、辰宮（破軍運）、巳宮（天同運）、午宮（武府運）、申宮（貪狼運）、酉宮

（機巨運）、戌宮（紫相運）時，是施展推銷術較易成功的時間。但每個時間都有旺弱不同及含意不同的特性，因此在成功的概率上也有不同。

在子宮的七殺運，是你在此時一心的想做出業績，埋頭苦幹，不必注意周遭的變化，也不太在營謀上多下功夫。所以其成果是打折扣的。推銷成功率只有50％左右。這是用汗水換取些微成果的運程。

在寅宮的廉貞運，你在此時會用高智慧的營謀方式來策劃推銷策略，也會用盡一切的手段來拉攏人際關係，並且使出殺手鐧來威迫利誘的施展你的推銷術。一切皆在你的掌控之中，所以推銷成功率在80％至90％之間。

在辰宮的破軍運，你在這個時間中，會性格強悍，不畏一切困難，勇往直前，你會多疑，不信任以前的推銷手段，也不信任傳統的技法，你會用新方式來改變現有的環境而施展新的推銷術。你也會闖入新的領域去推銷你的

⑪紫微在戌

天同(廟) 巳	武曲(旺) 天府(旺) 午	太陽(得) 太陰(陷) 未	貪狼(平) 申
破軍(旺) 辰			天機(旺) 巨門(廟) 酉
卯			紫微(得) 天相(得) 戌
廉貞(廟) 寅	丑	七殺(旺) 子	天梁(陷) 亥

理念和商品，因此成果是不錯的，成功概率在70%至80%之間。

在巳宮的天同運，你在此時是溫和、懶散，又帶點天真的孩子氣想法，你會利用玩耍、玩樂的方式來施展你的推銷術。這種遊戲人間的方式，溫和和好脾氣雖然會吸引人，但在專業訴求上則不夠強，因此往往在最後關頭會功虧一潰。所以推銷成功率不算很高，只有50%左右。

在午宮的武府運，在這個時間內，你是對金錢十分具有敏感力，又能夠穩重踏實、保守的做好份內專業的工作，一板一眼的，十分老實、忠實的態度，使人十分信服，所以在這個時間內，你的推銷術成功率是百分之百成功的。你更會因此而到大利益和財富。

在申宮的貪狼運，在這個時間內，因為貪狼居平的關係，好運機會是有一點，但很薄弱。在人緣關係上也是需待加強的，推銷成功率極低，只有40%左右。不算很好的推銷時間。但還是可以試試看。

在酉宮的機巨運，在這個時間內，你是具有高等的專業知識，而且善於辯論。你在此時容易剛愎自用，也容易挑起爭端。不過若是在專業領域中，你衝動的性格，善辯的技巧，反而有說服力，可以成功的推銷你的理念和商品。成功率在70％以上。

在戌宮的紫相運，在這個時間中，你是態度穩重、小心、善於整理一切複雜、紛亂的意見，你會用帝王般的氣度、溫和的施展自己的推銷術。你會有公正的方式來清晰的處理事物，讓眾人會很明白你的作為而誠服，達到極為成功的推銷。推銷成功率在百分之九十以上。

二、當流時子時（七殺運）、寅時（廉貞運）、辰時（破軍運）、巳時（天同運）、午時（武府運）、申時（貪狼運）、酉時（機巨運）、戌時（紫相運）這些時間中，是最有利於推銷的好時間。子時在夜間，寅時太早，又不好利用。白天中有辰時、巳時、午時、申時、酉時都是非常好利用來做推銷的。其中以午時為最佳的時段。晚間的戌時也是可以延續推銷工作的最佳時機。

※『紫微在戌』命盤格式的人，對於賺錢有特別的興趣，他們有時也會利用晚間和夜間來施展推銷術來賺錢。倘若要和外國西方的國家做交易，因為

時差的關係，子時、寅時、戌時，這些原本不好用的時間，就會變得非常有用了。況且目前網路發達，網路股票買賣下單快速而方便，因此所有好的時間不論在黑夜或白晝，都是可以利用來做推銷術的了。

12 『紫微在亥』命盤格式

屬於『紫微在亥』命盤格式的人們，能夠成功掌握推銷術的時間，來創造富貴人生的高概率關鍵時刻的，有下列幾個時間：

一、是當流年、流月、流日行經巳宮（天府運）、未宮（武貪運）、申宮（陽巨運）、亥宮（紫殺運）這個宮位時間時，是較易發展推銷術的。

『紫微在亥』命盤格式的人，因命格中不主財的宮位多，空宮也多。例如子宮、丑

⑫紫微在亥

天府(得) 巳	天同(陷) 太陰(平) 午	武曲(廟) 貪狼(廟) 未	太陽(得) 巨門(廟) 申
辰			天相(陷) 酉
廉貞(平) 破軍(陷) 卯			天機(平) 天梁(廟) 戌
寅	丑	子	紫微(旺) 七殺(平) 亥

宮、寅宮、辰宮都是空宮。空宮的運氣是薄弱空茫的，只靠對宮折射過來的運氣所以不強。而卯宮是廉破，是一切不順又破耗多、智能低的時間宮位。午宮是『同陰居陷運』，這個時間是又懶惰，又沒有敏感力，不會察言觀色，不討人喜歡，又進不了財的時間。酉宮的『天相陷落運』是紛亂多，沒有做事的能力，無法擺平的時間。戌宮的機梁運是廢話太多，自作聰明，製造紛亂，無法進入事情的核心，無法進財，在推銷術上是損人不利己的時間。以上都是在推銷工作上極差的時間。

『紫微在亥』命盤格式中，利於推銷術的好時間有：在巳宮的天府運，這是規規矩矩，誠實工作，守本份、盡職守，略懂一些精明計算的規則，可以得到別人信賴的時間，因此是個利於推銷的時間，但成功率只有60％左右。

在未宮的武貪運，是此命盤格式中的強勢時間。在這個時間內，你是對金錢有敏感力，對好運機會也極為敏感，在人緣關係上，因為要把握確保成功，所以你也會極力去維護的。雖然你在此時十分剛直，但正因為這份剛直，讓別人更確信你是有能力來擔當的，因此會接受你的推銷。武貪運的推銷概率成功指數在百分之百以上。

在申宮的陽巨運。在這個時間中你是非常喜歡做推銷工作的。你會有競爭心，也會有製造紛亂、混水摸魚的心態，喜歡用口舌伶俐來施展推銷術。但是成果並不一定好，你可能在很多事上太不用心，專業知識也不夠完備，做事態度散散的，給人的感覺是只有一張口，別無才幹，而推銷成果並不算好。推銷成功率只有40%左右。

在亥宮的紫殺運。在這個時間中，你的氣度平和、穩重、心中想努力打拼，但身體力行的功力不足，但你也會做好一定程序的工作來施展推銷術。在這個時間中的推銷成功率在70%左右。算是不錯了。

二、當流時在巳時（天府運）、未時（武貪運）、申時（陽巨運）、亥時（紫殺運）這四個時辰是較利於推銷的時間。

『紫微在亥』命盤格式的人，雖然從事推銷工作的人數非常多，但都是屬於低層次的推銷工作。而且此命盤格式的人通常也是從事於傳統式的推銷，四處奔波、用人力親往客戶的所在地，再用口頭式的推銷方法來推銷。但是因為他們所擁有的好時間太少了，而且在好時間中強勢的時間只有武貪運一個，倘若是生於壬年有武曲化忌，或生於癸年有貪狼化忌的人，或者是有劫空、羊陀在這些好運時間中再來影響，就會再失去更多的好時間。所以這個命盤格式的人在先天上就比別的命盤格式的人運氣差得多了。

此章結論

前面分析了所有命盤格式所擁有具有推銷力的好時間。我們可以發覺到『紫微在申』命盤格式的人是具有推銷力好時間最多的人，在一天當中有十個時辰之多，換算成小時，就有二十小時可以用來做推銷術的。在一年當中，也會有十個月是適合推銷工作的。因此這個命盤格式的人是十分好命的，好運氣的時間多，只要不停的努力，要成功就不是難事。也因此『紫微在申』命盤格式的人，在事業和人生上成功者也最多。

另外，最差的命盤格式是『紫微在亥』命盤格式，所擁有的推銷力好時間最少了，只有四個好時間，而且四個時間中還不是每個時間都很強盛。所以由命盤格式的組成就可瞭解到，他們為什麼總是落入社會的金字塔下層地位，較難有出頭之日，這就是推銷術不成功的原因，同時也是好運時間不夠多的原因了。

紫微成功交友術

第七章 『新經濟』時代的特殊推銷術

在公元二千年四月初的時候，美國柯林頓總統正式宣佈了全球進入『新經濟』的時代。開始了人類史上全新的經濟型態的來臨。

到底什麼是『新經濟』呢？

『新經濟』就指的是在科技高度發展之下，所創造出極高產值和財富的經濟型態。這些產值和財富是用數百倍倍速成長的方式快速的漫延開來，而且所創造的財富，更是數百倍、數千倍於傳統的經濟所得的。並且專家們發現這種新類的經濟結構並沒有使通貨膨脹，這是在每一種時代經濟結構發生變化時所沒有產生現象。當然這是受全球人類歡迎的、鼓舞的。

我們可以看到電腦資訊界如雨後春筍般的蓬勃發展。微軟公司的比爾蓋茲，彷彿一夜致富似的創造了上千億美金的資產。大家彷彿看神話故事般的在看著這些創造『新經濟』奇蹟的新貴們。在台灣這些從事電腦資訊業的新貴也很多。不禁有人要訝異，在這種『新經濟』時代中，又會產生何種推銷術？推銷術又有何種用途呢？或者是根本不要推銷術，推銷術就消失了呢？

在『新經濟』的結構裡，主要是以高科技的發展來主導世界的經濟潮流。在這個時代中，消息和資訊的傳遞變得快速了，在世界的各個角落可以說是無遠弗屆，因此尋找生意的路途也會十分暢通，在這樣的狀況下，競爭會變得激烈，價格的消息也傳播得很快，因此必須增強競爭力才能獲勝賺到錢。在另外一方面，高科技是以高速向上攀升的知識領域做為一個競技場和競爭手段的較量。同樣的，知識情報的蒐集、精密的營謀策略，以及謹慎的態度全都是推銷術中重要的特質。只不過在層次和深度上更為提高，確確實實的超出傳統性的推銷術有千百倍之多。所以我們只能說它是更高層次、更超級形態的推銷術了。也因此，我們瞭解到推銷術在任何一個經濟時代，都不會消失的。它只會蛻變，變得更強，更深層，更有力。也可能會變得不是一般人所能掌有，必須是高知識水準、有強烈企圖心，有精明幹練的辦事能力、有天賦的才能，智商高，善於應變，有領導能力的人才能確實掌握的。

一般人認為在高科技的層次中，原有的推銷術中有關人緣關係（桃花）的成份會比較薄弱。因為科技發達，在網路上推銷東西，似乎根本看不到對方出售者的嘴臉相貌，因此似乎根本用不上去瞭解人情世故或是運用人緣去推銷了。

其實不然，在網路銷售的過程中，文字介紹和圖片的介紹，是不精通人情世故和沒有人緣桃花的人做不好，也無法承擔的工作。我們在網路上購買物品時，雖然我們是面對著冷硬的電腦硬體在做決定。實際上我們人的腦中會對促銷的文字解說和圖片做一番考量和感覺。感覺我們是否需要這個東西，同時也感覺這個東西到底好不好？價格合不合適？質地好不好？會不會受騙上當，買到不良品等問題。這些決策性的問題就是屬於人緣桃花的部份了。所以科技再發達，知識水準再高，倘若失去了人緣桃花的親和力，再快速的資訊，也是徒然無功的。

所以你看看！推銷術中所有的特質，都在『新經濟』之中展現了，而且是需求更高，更精準。『新經濟』不但沒有淘汰掉推銷術。反而把推銷術推上更精密、銳利的戰場之中。

目前全球的科技網路是一片榮景，但真正賺到錢的公司只有部份而已，經過長時間的爭鬥競賽，推銷術有瑕疵的公司會應聲倒地。由此我們更可看出在這個『新經濟』時代中，推銷術已變成碩大、內容精密的巨人。倘若我們每個人跟不上時代的進步，或依然故我的運用傳統的推銷術，只有謹守夕陽事業的消失了。也只有守住自己原始的生活空間了。

第八章 改進推銷術的方法

在前面分析過每個人所擁有推銷術中好的特質與不好的、有問題的特質。更分析了每個命盤格式適合運用於推銷術的吉運時間。現在大家最想知道的一定是要如何針對自己的問題來改善推銷術。

現在就以十二個命盤格式的人，來談談增進、改進推銷術的辦法。首先以『紫微在子』命盤格式來做說明。

『紫微在子』命盤格式的人，在命裡格局上，主要是以主貴的『陽梁昌祿格』和一般普通的『機月同梁格』為一生運程和生命架構。兩種格局同時都具備的人，是推銷術高明一點的人，因為他具備了較高知識的領導地位。這一特質會把人帶入生活層次高一點的境界。當然在這種高知識的環境中，又是一番不同競爭的競技場所了。可是他就會比一般只有『機月同梁』格在命格中的人，成功的機會高出很多來。

在此命盤格式中，『命、財、官』三合宮位有吉星居旺的人，最能展現好的推銷術了。其次是『夫、遷、福』三合宮位好的人，再其次是僕役宮（朋友宮）好的人，最具有推銷術的架勢。

現在分析各個命格的人推銷術須要改進的地方

『紫微在子』、『紫微在午』命盤格式的人

1. **紫微坐命的人：**你的『命、財、官』都很好，表示知識水準高，態度穩重，其『夫、遷、福』等宮位剛好坐在『殺破狼』格局之上。表示奮鬥力和意志力很強盛，唯一的問題是朋友宮為太陰陷落。這顯示出你的問題在於無法深入瞭解別人的內心想法，也無體會出別人內心的需要，這是有關人際關係方面的問題，是你必須好好改進的，這才有助於你推銷

術會更成功。

2.空宮坐命丑、未宮有同巨相照的人：你的『命、財、官』和『夫、遷、福』等宮位有很多陷落的星曜，表示智力不足，環境不佳，人緣關係皆不好。朋友宮又是貪狼星，表示你根本無法瞭解和體會別人的心意，和人際關係中的技巧性。你要學習的東西太多了。而且必須重頭學起。只有虛心學習求教，才能改善推銷術。

3.破軍坐命寅、申宮的人：你的『命、財、官』全坐在『殺、破、狼』格局之上。代表你有強悍的奮鬥力、智慧也高，你的『夫、遷、福』也很完美，有帝座、財星、福星，代表在環境中也能得心應手。只是你的僕役宮是同巨。表示你太處心積慮在自己的利益之上，不願意維護人際關係。這將是你推銷術失敗的唯一原因。只要多用心營造好的朋友關係，推銷術就會成功。

4.空宮坐命卯、酉宮有陽梁相照的人：你的『命、財、官』中不是空宮，便是有陷落之星，表示智力不夠好。在『夫、遷、福』中也是有空宮，和太陰這顆敏感之星陷落，有感覺能力很差的毛病。雖然你的朋友宮是武相，實際上你的推銷能力並不好，只是靠朋友的幫忙而有一點。所以你要加強自己在知識和訓練工作能力上多努力。更要多用心去察言觀色才行。

5. **廉府坐命辰、戌宮的人**：你的『命、財、官』非常好，有帝座、財星、福星同在。『夫、遷、福』正坐『殺、破、狼』格局上，表示你的奮鬥力，和智慧並不差。你的僕役宮是陽梁在酉，代表人緣關係需要多用心營謀策劃一番。你的推銷術算是還不錯的，但競爭力會稍弱一些。

6. **太陰坐命巳、亥宮的人**：你的『命、財、官』中有空宮，有財星，有太陽，在智慧上普通，雖喜歡用感覺處理事情，但仍不太能體會別人的心意。在『夫、遷、福』中也是有空宮和星曜多陷落的問題。代表環境不佳，情緒常起伏、不穩定。朋友宮又是七殺星。這完全是因為自己在智能、知識、感覺、學習等方面無法和別人有相同的交集點，而產生推銷術不強的人。所以你只有從頭學起，一板一眼學好做事的方法才行。

7. **貪狼坐命子、午宮的人**：你的『命、財、官』坐在『殺、破、狼』格局之上，代表你的智能和奮鬥力量很夠，『夫、遷、福』中，又有帝座、財星、福星，環境也十分好。唯一不足的是僕役為天機居平，代表你在人緣關係上不用心，常有變化。你只要多多關心周遭的朋友、親人，改善你圓滑、冷漠的態度，推銷術就一級棒了。

8. **同巨坐命丑、未宮的人**：你的『命、財、官』、『夫、遷、福』中，不是空宮，就有陷落之星，因此是不算真聰明的人，而且奮鬥力和做人處事的能力也不足，必須多用心，重頭學起，推銷術才會好，雖然你的朋友宮是紫微星，但仍不足以做出最好的推銷工作出來。

9. **武相坐命寅、申宮的人**：你的『命、財、官』非常好。由其官祿宮是紫微，代表智商很高，工作能力強，你的『夫、遷、福』正坐在『殺、破、狼』格局上，代表奮鬥力強，唯有你的僕役宮是空宮，有同巨相照，你仍須在人緣關係上加強，才能擁有一流的推銷術。

10. **陽梁坐命卯、酉宮的人**：你的『命、財、官』中，財帛宮是太陰星，官祿宮是空宮，代表你的並不特別聰明。而坐命酉宮的人，敏感力也不好。在你們的『夫、遷、福』中，又有空宮和陷落之星，代表外界的環境不佳。並且你的僕役宮是破軍，朋友運也差，因此你在推銷術方面是不及格的。你必須多學習與人相處之道，以及如何選擇朋友、客戶，要施展推銷術的對象，並且要加強自己的專業知識和敏感力，才能改善推銷術。

11. **七殺坐命辰、戌宮的人**：你的『命、財、官』就坐在『殺、破、狼』格局上，代表奮鬥力十足。你的『夫、遷、福』中有帝座、財星、福星，非常好，表示環境優良。只是你的朋友宮是空宮，有陽梁相照，你仍需加強人緣關係的聯繫，才會使推銷術更好。

12 **天機坐命巳、亥宮的人**：你的『命、財、官』中多空宮及陷落之星，代表你並不是真聰明的人，知識程度也不高。在『夫、遷、福』中，福德宮是空宮，天機坐命巳宮的人，遷移宮和夫妻宮都好，他們比較有機會學到好的推銷術。而天機坐命亥宮的人，是敏感力和環境都不佳的人，人緣關係也差，必須多花時間和精力重頭學起才能改善推銷術。

『紫微在丑』、『紫微在未』命盤格式：

1. **天機坐命子、午宮的人**：你的『命、財、官』是『機月同梁』格中的幾顆星。天機坐命午宮的人，智力比較高，工作能力也較強，而且敏感度比較好。天機坐命子宮的人，是智力、工作能力、敏感力皆差的人。在『夫、遷、福』方面，天機坐命午宮的人奮鬥力較強，天機坐命子宮的人，奮鬥力弱。你們的朋友宮是廉貪，極差，表示在人緣關係上實在要好好學習、改善才能擁有好的推銷術。

2. **紫破坐命丑、未宮的人**：你的『命、財、官』剛好坐在『殺、破、狼』格局上，但是這個『殺、破、狼』並沒有為你帶來好的智慧工作能力，而且奮鬥力也不算強，它只有為你帶來動盪的人生。你的『夫、遷、福』中，有空宮，有福星和財庫星，你的朋友宮是巨門，代表和朋友的關係是非爭鬥多。因此你必須改善在知識性、工作能力與人緣關係方面的能力，才會擁有好的推銷術。有時候你更要節制享受物質生活才能達成目標。

3. **空宮坐命寅、申宮有同梁相照的人**：你的『命、財、官』中有空宮和太陽、巨門星。表示你是善於爭鬥的人。你的『夫、遷、福』剛好坐在『機月同梁』格上，表示你的環境是小康格局的環境，層次不高。你的朋友宮是天相福星。你的問題是要去打破環境上的禁忌，向外發展，才能改善你的推銷術。不要只在自己的小圈圈中鬥爭，是鬥不出什麼大名堂出來的。

4. **天府坐命卯、酉宮的人**：在你的『命、財、官』之中，財帛宮是空宮，命、官二宮是財庫星和天相星，表示你的工作能力很強，但保守。你的『夫、遷、福』中是『殺、破、狼』格局，表示也有奮鬥力，但奮鬥力有瑕疵，不強勢。你的朋友宮是同梁，算是不錯的了，你的問題在於增進奮鬥力的養成，只有如此，才能創造好的推銷術。

5. **太陰坐命辰、戌宮的人**：在你的『命、財、官』之中，正是『機月同梁』格的幾顆星。命坐戌宮的人，較好一點，容易體會別人的心意，人緣關係稍好一點。太陰坐命辰宮的人，在智慧上和人緣關係上都差。而且你們在奮鬥力上都有不足的問題。所以太陰坐命辰宮的人，要從基本的態度和作事的方法，以及從人緣關係上多方面著手改善才會有效。而太陰坐命戌宮的人也是一樣要加緊工作的能力和知識、人緣才會更好。

6. **廉貪坐命巳、亥宮的人**：在你的『命、財、官』雖然全坐在『殺、破、狼』格局上，但代表智力的官祿宮和命宮並不強，因此智力和工作能力都不算好。在『夫、遷、福』這一組宮位，有空宮，有福星、財庫星，算是環境不佳，奮鬥力不好的了。所以在先天性上你們很難有好的推銷術，一定要增進奮發力，增進知識和工作能力，才能改善推銷術。

7. **巨門坐命子、午宮的人**：在你的『命、財、官』之中，財帛宮是空宮，官祿宮是太陽星。你是智力還不錯，但愛爭鬥的人。你的『夫、遷、福』中是『機月同梁』格中的四顆星，基本上你還是保守的，必須用傳統的敏感力去感覺事物。巨門坐命子宮的人會聰明一點，感覺能力好一點。巨門坐命午宮的人，智能略遜一疇，敏感力差。你們都是有先天的奮發力不足的人。雖然一般人會認為你們是具有推銷能力的人，但是實際上你們在人際關係上、奮發力上、工作能力上仍是有待加強，才能使推銷術更好的。尤其在知識上更需加強。

8. **天相坐命丑、未宮的人**：你的『命、財、官』中，官祿宮是空宮，代表你的智力和工作能力不算好。雖然你很老實、肯做，但智慧不高。你的『夫、遷、福』正坐在『殺、破、狼』格局之上，而夫妻宮正是廉貪，在感覺能力上、人際關係上必須加強改善才行。否則你永遠也學不到好的、正確的推銷術。

9. **同梁坐命寅、申宮的人**：你的『命、財、官』剛好是『機月同梁』格。『夫、遷、福』中有空宮、巨門和太陽。表示你是有一點小聰明的人，但是環境不佳，常讓你不得不起爭鬥之心。你的僕役宮是紫破，所遇到之人全是地位高，品性有爭議之人，會讓你損失。所以你的問題在於如何選對戰場和敵人來鬥爭。知識性和判斷力是你要加強的部份，這樣才會有好的推銷術。

10. 武殺坐命卯、酉宮的人：你的『命、財、官』剛好坐在『殺、破、狼』格局之上，你對錢的敏感力，和人際關係的敏感度不夠好，你在智慧上雖然不低，又具有工作能力。但是你的『夫、遷、福』三宮太溫和，所以你要增加的是人際關係的敏感力和與錢財有關的敏感力方面的技巧，才能使你的推銷術成功。

11. 太陽坐命辰、戌宮的人：你的『命、財、官』是太陽、巨門和空宮，你的『夫、遷、福』是『機月同梁』格中的幾顆星，代表你在溫和的環境中奮發力不足，智慧也不夠高，但是硬要出兵打仗，參加爭鬥競爭，因此你很痛苦。你的問題是要增加知識、智慧和奮鬥力量。太陽坐命戌宮的人，還要加強人緣關係的敏感力，才能改善自己的推銷術。

12 空宮坐命巳、亥宮有廉貪相照的人：你的命宮是空宮，財官二位是天相，天府，代表你是保守的，智力平常的人。你的『夫、遷、福』中正坐於『殺、破、狼』格局上，因為環境不佳，奮鬥力是徒勞無功的。你的朋友宮是太陰星。坐命巳宮的人，朋友運是太陰居旺，代表你能體會朋友、外界人士的心意，具有人緣關係上的敏感力。命坐亥宮的人，則沒有此種人緣關係上的敏感力。因此推銷術更糟。你們要改善的是：多增加知識上的獲得，而且要具備突破環境上的限制，增加奮鬥力，並學習善用人緣關係中的親和力，自然能改善自已的推銷術了。

『紫微在寅』、『紫微在申』命盤格式

1. **破軍坐命子、午宮的人**：你的『命、財、官』就坐在『殺、破、狼』格局之上，所以你是奮鬥力、聰明才智都很高的人。你的『夫、遷、福』中又有財星、帝座、財庫星、福星等同在，外在的環境十分的好。你的朋友宮是巨門居旺，表示在人緣關係上爭鬥較多。所幸巨門是居旺的，還不致於人緣關係太壞。不過呢！你最好還是多檢討人緣關係上改進的方法，這樣你的推銷術可以更高超。

2. **天機坐命丑、未宮的人**：你的『命、財、官』是天機、天同和巨門，其

中有二顆星在平陷的位置，官祿宮的巨門居旺，表示你的智慧不算低，喜歡從事競爭力強、爭鬥性的工作，但是你的奮發力是後繼無力的。你的『夫、遷、福』中有太陽、天梁、太陰。若是能形成完美的『陽梁昌祿』格，在知識性和智力上對你有很大的幫助。天機坐命的人，一向對人際關係處理方式沒有很好的概念。所以你的問題是加強人際關係的敏感力，多去瞭解別人，以及增加奮發力才會使推銷術進階成功。

3. **紫府坐命寅、申宮的人**：你的『命、財、官』非常好，雖然代表智力和工作能力的官祿宮是廉相，並不特別的聰明，但處理事務的本領是挺高的。你的『夫、遷、福』正坐在『殺、破、狼』格局之上，代表奮發力火力強盛。並且朋友宮又是天梁星，隨時有貴人來相助。所以你的推銷術是十分高明的。唯一不足的是要繼續增加知識和專業的技巧，這樣推銷術會更完美。

4. **太陰坐命卯、酉宮的人**：太陰坐命卯宮的人，是人際關係上的敏感力不佳的人。而太陰坐命酉宮的人，卻恰恰相反，在人際關係上的敏感力極佳。你們的財官二位是太陽、天梁。在『夫、遷、福』中有天機、天同、巨門，其中有二個星是居平陷之位的。比較起來，太陰坐命酉宮的人，會巧妙運用人際關係上的敏感力，智慧稍高，而且推銷能力也會稍好一點。太陰坐命卯宮的人，缺點較多，敏感力不足。其實太陰坐命的人，都因為命格本身太溫和、奮發力不足，再加上智慧和工作能力只是一般，所以這些都是問題，都需要改善，才會擁有好一點的推銷術。

5. **貪狼坐命辰、戌宮的人**：你的『命、財、官』正坐在『殺、破、狼』格局之上，是奮鬥力特強的人。在『夫、遷、福』中又有紫府帝座、財庫星、武曲財星以及天相福星。雖然廉貞這顆營謀策劃之星居平位，弱一點，但仍然是推銷術極佳的人。你的問題仍然是在知識性、專業技巧上多加強，會擁有更高層次的推銷術。

6. **巨門坐命巳、亥宮的人**：你的『命、財、官』中有天機、天同二星居平陷之位，表示智力不高，工作能力不夠好，奮發力不夠強。但你本性中是喜於爭鬥、競爭之人。你的『夫、遷、福』中有太陰、太陽、天梁。

命坐亥宮的人環境較好。命坐巳宮的人，太陽和太陰皆居陷落，表示環境差，其人又不能在人際關係中具有敏感力，所以問題很多。

巨門坐命亥宮的人在人際關係的敏感力很強，所以他們最要改善的是知識性、專業上的問題，才能擁有高效率的推銷術。

巨門坐命巳宮的人，則無論在人際關係上，在專業知識上，在工作能力上都要加強才行。

7. **廉相坐命子、午宮的人**：你的『命、財、官』還不錯，尤其對金錢的敏感力特強。你的『夫、遷、福』正坐在『殺、破、狼』格局之上，表示奮發力特強。廉相坐命的人是悶悶的、話少沈默的人。廉相坐命子宮的人是人際關係敏感力和表達能力皆好的人。而廉相坐命午宮的人則不是。所以廉相坐命子宮的人，要多加強知識性、專業的能力會使自己的推銷術更高竿。而廉相坐命午宮的人，必須更努力於專業知識和人際關係的敏感力才行。

8. **天梁坐命丑、未宮的人**：你的『命、財、官』中，有日月二星和貴人星，『

夫、遷、福』有巨門、天機、天同。其中有二顆星是居平陷之位的。天梁坐命丑宮的人，會具有高智慧、聰明度，以及工作能力和人際關係的敏感力。天梁坐命未宮的人，智慧差一點，工作能力也略差，還有人際關係的敏感力也不足，需要加強改善。這兩種命格的人，全都需要增進奮發力，來達成推銷術的成功。

9. **七殺坐命寅、申宮的人**：你的『命、財、官』正坐在『殺、破、狼』格局之上，奮發力是非常強的，『夫、遷、福』又具有帝座、財星、福星等等，環境非常好，知識性也足夠。你唯一欠缺的是人際關係中的敏感力和親和力，因此有待加強。

10. **天同坐命卯、酉宮的人**：在你的『命、財、官』之中有兩宮居平陷之位，官祿宮中是天機陷落，代表智力和工作能力比較差。在『夫、遷、福』一組宮位，又是天梁、太陰、太陽等溫和的星。天同坐命卯宮的人，『夫、遷、福』中的星皆在旺位，生活環境比較富裕、愉快。天同坐命酉宮的人，『夫、遷、福』中遷移宮的太陰和福德宮的太陽皆居陷位，生活困苦，心情也不佳。這兩種天同坐命的人，都是奮發能力不足的人。但他們的朋友宮都是紫府，表示他們喜歡依靠有權勢和富貴之人。他們的問題就是太軟弱了，思慮也不夠周詳，奮發力不足，雖然人緣關係還不錯，但仍然是無法施展推銷成功的人。所以要加強知識智能，以及強化奮發力才行。

11. 武曲坐命辰、戌宮的人：在你的『命、財、官』之中有財星、有帝座、財庫星、天相福星，表示你的工作能力強、個性穩重、保守、智力高。你的『夫、遷、福』剛好坐在『殺、破、狼』格局之上，表示你的奮發力也特強。你的遷移宮中是貪狼，僕役宮是太陰，表示你很注重去感覺別人內心的世界，對人際關係的微妙性是很敏感的。武曲坐命戌宮的人，因朋友宮的太陰是陷落的，敏感力稍差，需要改進。武曲坐命辰宮的人，朋友宮的太陰是居旺的，故敏感力極佳，武曲坐命的人，在推銷術上已具有先天之優勢了。只要再加強知識和專業的能力，以及強化策劃營謀的技巧，便能使推銷術更上層樓。

12 **太陽坐命巳、亥宮的人**：你的『命、財、官』是太陽、天梁、太陰。太陽坐命巳宮的人，是『命、財、官』皆在旺位的人，表示智力、工作能力、人緣上的敏感力皆很強。太陽坐命亥宮的人，『命、財、官』之中有二位皆陷落。表示智力、工作能力、敏感力皆弱。在『夫、遷、福』之中則都是有二位居平陷之位。表示奮發力不足，而且你的朋友宮是貪狼，朋友運不佳。因此太陽坐命巳、亥宮的人，最要加強的就是奮發力的問題，以及人緣關係中對人的敏感力的問題了。

『紫微在卯』、『紫微在酉』命盤格式

1. **太陽坐命子、午宮的人**：你的『命、財、官』之中，財帛宮是空宮，官祿宮是巨門陷落，代表智力、工作能力不算好，常落入爭鬥的陷井中，無力逃出。你的『夫、還、福』中有天同、天梁、機陰。代表奮發力也不是很強。太陽坐命子宮的人，對人緣的敏感力還不錯，而太陽坐命午

宮的人對人的敏感力較差。你們在推銷術上的問題，在於奮發力、專業知識、和人緣關係中的敏感力整個的提升，才會使推銷術更好一點。

2. 天府坐命丑、未宮的人：你的『命、財、官』中，財帛宮是空宮，官祿宮是福星天相，都是溫和的星，在智力和工作能力只是一般。『夫、遷、福』剛好坐在『殺、破、狼』格局上，但是破軍和貪狼皆居平位，而且其中伴隨的財星、營謀之星、好運星皆居平位，全都不強。在奮發力、智能上大打了折扣。所幸朋友宮是天梁居廟。你是用保守、謹慎、守規矩、誠懇的態度來贏得朋友的信賴，以此方式來做推銷術的。若能再加強營謀策劃的能力，和奮發的力量，推銷術會更好。

3. 機陰坐命寅、申宮的人：你的『命、財、官』中正好是『機月同梁』格中的四顆星。表示智慧不錯，應變能力好。但是只有機陰坐命寅宮的人在人緣關係中的敏感力是強的。機陰坐命申的人，人緣關係有待加強。你們的『夫、遷、福』之中，有太陽、空宮、巨門陷落，代表你們在奮發力上也是不佳的。你們的朋友宮都是廉殺，朋友運不好。因此你們在推銷術上的問題，就是要增加奮發力、持續力量，更要加強人際關係中的敏感力，多去體會揣摩別人內心的想法，推銷術才會成功。

4. **紫貪坐命卯、酉宮的人**：你的『命、財、官』剛好坐在『殺、破、狼』格局上。但是伴隨著武曲財星及廉貞營謀之星皆居平位。並且貪狼、破軍也居平位。因此這個『殺、破、狼』並沒有為你帶來較多的奮發力量。你的『夫、遷、福』中有天府、空宮、天相福星，都是溫和的星。朋友宮又是空宮，不佳。因此你在推銷術上要加強的是：對外界環境中人緣關係的敏感力，以及增加營謀策略之法，奮發力也要再加強才行。

5. **巨門坐命辰、戌宮的人**：你的『命、財、官』中，官祿宮是空宮，代表智力和工作能力不佳。而『夫、遷、福』中正好是『機月同梁』格中的四顆星。你的朋友宮也是空宮。你雖然在人緣關係上很敏感，很會應用，並不真正成功。因此你在推銷術上要加強的是專業知識、策劃營謀，以及人際關係中獲得人緣的方法，更要加強奮發力才行。

6. **天相坐命巳、亥宮的人**：你的『命、財、官』之中，有天相福星、天府財庫星、官祿宮是空宮，代表智力和工作能力並不真正強。你的『夫、遷、福』是紫貪、武破、廉殺，是坐在『殺、破、狼』格局上，但是破軍和貪狼皆居平位，其中武曲、廉貞也居平位。表示奮發力不足，營謀智慧也不夠好。所以你要加強這些重點，才能創造好的推銷術。

7. **天梁坐命子、午宮的人**：你的『命、財、官』中四顆星剛好就是『機月同梁』格中的四顆星，官祿宮是天同居平，表示智力普通、工作能力也普通，奮發力也不算強。『夫、遷、福』中有巨門陷落、太陽、空宮，代表內心喜歡競爭、爭鬥之事。朋友宮是武破，必須用很多錢去收買朋友，但朋友中仍多不良之士。此命格的人在推銷術上的問題，是無法在人際關係中具有敏感力，去體會別人的心意，來收服對方。同時要在奮發力與專業知識上下功夫才行。

8. **廉殺坐命丑、未宮的人**：你的『命、財、官』也是坐在『殺、破、狼』格局之上，但有四顆星居平，其中武曲財星和營謀之星廉貞也是居平位的。表示對錢財的敏感力不足，對營謀策劃的智能也是不足的。『夫、遷、福』是天相、天府、空宮，表示奮發力也不足。因此你要在推銷術上加強的就是智能、專業知識、營謀策劃的能力和奮發力了。

9. **空宮坐命寅、申宮，有機陰相照的人**：你的『命、財、官』是空宮、巨門陷落和太陽。命坐寅宮的人官祿宮的太陽居旺，代表聰明才智比較高，工作能力較強。命坐申宮的人，在智力和工作能力方面較弱。『夫、遷、福』中有天梁、機陰、天同，這是『機月同梁』格中的四顆星，表示奮發力不足，朋友宮是天府，人緣關係還不錯。此命格在推銷術上的問題是奮發力的問題，以及專業知識和營謀策略要加強。

10. **空宮坐命卯、酉宮，有紫貪相照的人**：你的『命、財、官』是空宮、天相、天府，代表智能不錯，很精明，善計算，但中規中矩。『夫、遷、福』剛好坐在『殺、破、狼』格局上，是廉殺、紫貪、武破，奮發力不算太好，策劃能力也不足夠，需要加強。朋友宮是機陰。命坐酉宮的人，還能在人際關係中掌有敏感力，命坐卯的人在人際關係中的敏感力是差的，也必須加強，推銷術才會改善。

11. **天同坐命辰、戌宮的人**：你的『命、財、官』就是『機月同梁』格中的四顆星。命坐戌宮的人，在智慧、工作能力上及敏感力較強。而天同坐命辰宮的人，在智慧與工作能力上較弱。『夫、遷、福』中是空宮、巨門陷落和太陽，表示奮鬥力不足。朋友宮是紫貪，並不十分好。朋友中多勢利、不友善的人。因此你不但要加強專業智能、奮發力，更要加強人際關係中的親和力才能提高推銷術的層次。

12 **武破坐命巳、亥宮的人**：你的『命、財、官』正坐於『殺、破、狼』格局之上，但有二星居平，官祿宮是紫貪，代表聰明才智不錯，工作能力尚好，『夫、遷、福』是空宮、天相、天府，在奮發力上較弱。在朋友宮方面是巨門陷落，朋友運不佳，人緣關係不好，多競爭、爭鬥，因此你要加強人際關係上的親和力和奮發力的問題，才能使推銷術成功。

『紫微在辰』、『紫微在戌』命盤格式

1. **武府坐命子、午宮的人**：你的『命、財、官』中有武曲財星和天府財庫星，又有廉貞營謀策劃之星，又有帝座紫微和天相福星，十分好。官祿宮的紫相，代表工作能力強，智能雖算不得最高，但也有一般水準了。『夫、遷、福』正坐在『殺、破、狼』格局之上，代表奮發力很強。唯一的問題是朋友宮是天梁陷落，朋友幫不上忙。因此你在推銷術上的缺點就是要增加人際關係上的親和力和敏感力，成功的層次會更高。

2. **日月坐命丑、未宮的人**：你的『命、財、官』是太陽、太陰，空宮、天梁陷落，只要有文昌和祿星再進入此三宮，就具有『陽梁昌祿』格。這樣在專業知識上就會增高。日月坐命的人，官祿宮是天梁陷落，表示智能和工作能力並不好。『夫、遷、福』中有天同、空宮、機巨，你們是很能去推銷的人，但奮發力和持續力不足，所以成果不佳。命坐丑宮的人善於察言觀色，命坐未宮的人對人際關係沒有敏感力。你們在心情上

不夠穩定，因此會影響推銷術的成果。要多做自我控制和增加奮發力，以及增強專業知識，才能成功。

3. **貪狼坐命寅、申宮的人**：你的『命、財、官』坐在『殺、破、狼』格局之上。本命居平，奮發力算是還好的了，只是好運機會少一點。你的『夫、遷、福』中有武府、廉貞、紫相，具有營謀、策劃等能力。唯有朋友宮是空宮不佳。你需要加強的是人際關係中的敏感能力，創造出好的人際關係，推銷術就成功了。

4. **機巨坐命卯、酉宮的人**：你的『命、財、官』是機巨、天同、空宮。機巨坐命的人智商高，很聰明，但是工作能力不算很強，主要是因為性格中好競爭與爭鬥的關係，而且在人緣關係上也不算好。你們的『夫、遷、福』是太陽、太陰、空宮、天梁陷落，奮發力不夠好。機巨坐命卯宮的人，夫妻宮的太陰是居旺的，會去觀察別人，注意人際關係中的變化。機巨坐命酉的人，性格較陽剛、強硬，在人際關係中是敏感力不佳的人。你們在推銷術方面，最重要的就是增加人際關係的敏感力和親和力。因為你們的朋友宮是廉貞，朋友中多是厲害奸險的營謀之士，所以要在推銷術上多下功夫，才能贏過他們。

5. **紫相坐命辰、戌宮的人**：你的『命、財、官』非常好，有紫相、武府、廉貞，表示你在工作上，智能上是重視營謀的、策劃的。你的『夫、遷、福』正坐在『殺、破、狼』格局之上，奮發力十足。唯有你的朋友宮是空宮，因此在推銷術上，要注意人緣關係上的親和力和敏感力，便萬事成功了。

6. **天梁坐命巳、亥宮的人**：你的『命、財、官』是天梁居陷、日月、空宮，表示你的智能和工作能力都不夠好。你的『夫、遷、福』是機巨、天同、空宮，表示你喜歡變化和爭鬥之事，但奮發力後繼無力。再加上你的朋友宮是破軍，所以證明你的推銷術很不好，你需要施行特殊全套的訓練，從專業智能到人際關係和奮發力全要加強才行。

7. **七殺坐命子、午宮的人**：你的『命、財、官』坐在『殺、破、狼』格局上，代表奮發力十足。你的『夫、遷、福』中有紫相、武府、廉貞。表示在營謀、策劃、做事能力等心態方面都很成熟。朋友宮又是天同居廟，人緣關係非常好。這也代表你的推銷術特別好。倘若好運機會再多一點，你會更成功。所以增加智能、專業知識對你有益。

8. **空宮坐命，有日月相照的人**：你的『命、財、官』中，命宮是空宮，財帛宮是機巨，官祿宮是天同居廟，代表智能和工作能還不錯，但是奮發力不算強。『夫、遷、福』是天梁陷落、日月、空宮，更證明奮發力不足。你的朋友宮是武府，代表人緣關係中的敏感力非常好。因此在你的推銷術中的問題就出在奮發力不足的問題上面。

9. **廉貞坐命寅、申宮的人**：你的『命、財、官』十分好，有廉貞、紫相、武府，你本身精於營謀策劃之術，智商有一定程度的高度，專業知識也足夠。『夫、遷、福』正坐在『殺、破、狼』格局上，表示奮發力也十足，你的朋友宮是日月，朋友關係陰暗不定，這是一大敗筆。因此你要再在人際關係的敏感力和親和力上下功夫。實際上，廉貞坐命的人對人際關係很用心。他們真正的問題是敏感力不足，無法感覺到別人內心的真正感覺，因此需待加強。

10. **空宮坐命卯、酉宮有機巨相照的人**：你的『命、財、官』是空宮，天梁陷落、日月。命坐卯宮的人主貴，喜歡做官。命坐酉宮的人喜歡賺錢。雖然你們的財帛宮都不好，是天梁陷落，表示你們的推銷術有問題。你們的『夫、遷、福』是空宮、機巨、天同，在奮發力上也有不足，但會生活在競爭激烈、爭鬥多的環境。你的朋友宮又是貪狼居平，表示朋友運不好，全是冷淡、交情淺薄，愛看笑話的人。所以你在推銷術上的問題很大，要改善必須從內心到觀念全要改。要增加智能、知識，要增加奮發力，要改善人際關係中的敏感力，能多改一點，推銷術就會好一點。

11. **破軍坐命辰、戌宮的人**：你的『命、財、官』正坐在『殺、破、狼』格局上，奮發力是足夠的。但官祿宮是貪狼居平，表示智能、知識要加強。『夫、遷、福』中有廉貞、紫相、武府，非常好。有營謀、策劃的能力，又能夠享受到利益。朋友宮是機巨，表示在朋友間的爭鬥、競爭是非常多的。因此在你的推銷術中要加強的是人際關係中的親和力和敏感力，以及專業智能。

12 天同坐命巳、亥宮的人：你的『命、財、官』是天同、空宮、機巨，表示聰明智慧、競爭能力很強，工作能力普通。『夫、遷、福』中是空宮、天梁陷落、日月。表示奮發力明顯不足。朋友宮是紫相，非常好。你在推銷術上要加強奮發力和專業智能的增進，才能成功。

『紫微在巳』、『紫微在亥』命盤格式

1. 同陰坐命子、午宮的人：你的『命、財、官』是同陰、空宮、機梁，表示你在智能上是清高的，有小聰明的，但仍需加強專業智能才行。你的『夫、遷、福』是空宮、空宮、陽巨，有兩個空宮，代表奮發力不足。雖然天性愛爭鬥、競爭，但後繼無力，所以並不是真的愛競爭，也沒有奮發力。朋友宮是紫殺，朋友都是高高在上，態度惡劣、兇悍的。所以證明你的推銷術不好，你要加強奮發力和智能上的專業技巧，以及人際關

係中交際手腕的運用才行。否則你常是受人控制，如何來發展自己的推銷術呢？

2. **武貪坐命丑、未宮的人**：你的『命、財、官』是武貪、廉破、紫殺，剛好坐在『殺、破、狼』格局上，奮發力是還不錯的。但因廉貞、七殺居平，破軍陷落，因此在智能上有一些問題。在工作能力上有一些瑕疵，不能理財。

『夫、遷、福』中是天府、空宮，天相陷落，表示環境不佳，機會不算好。朋友宮也是空宮，表示人緣關係中敏感力和親和力都有待加強。因此武貪坐命者的推銷術，要加強的在本身方面就是：專業智能的部份和人際關係的部份了。

3. **陽巨坐命寅、申宮的人**：你的『命、財、官』中，只有命宮有主星是陽巨，喜競爭、爭鬥。其他財、官二宮全是空宮。可見智能不足，工作能力也不足。『夫、遷、福』，遷移宮也是空宮，夫妻宮是同陰，福德宮是機梁，這是『機月同梁』格的四顆星。代表在內心感情上很敏感，會計較別人對自己的態度。但是他們的環境空茫，並不瞭解自己要付出相同的關心給朋友，因此朋友運也是不佳的。所以陽巨坐命的人要改善推銷術，要做的工作很多，必須徹頭徹尾的增加專業智能，增加人際關係的敏感度，去體諒別人，關心別人，還要增加自己的奮發力才會擁有成功的推銷術。

4. **天相坐命卯、酉宮的人**：你的『命、財、官』之中，命宮主星是陷落的，官祿宮是空宮，代表智能不足，工作能力也不好。『夫、遷、福』剛好坐在『殺、破、狼』格局之上。但是廉貞、破軍、七殺皆在平陷之位。表示營謀策劃的能力、奮鬥力是不足的。天相坐命卯、酉的人，夫妻宮是武貪，福德宮還有紫微星，表示很愛錢，愛享受。所以綜合起來要改善的問題就是增加智能、專業知識，加強奮發力，加強人際關係的敏感力了。

5. **機梁坐命辰、戌宮的人**：你的『命、財、官』是機梁、同陰、空宮。官祿宮是空宮，表示不是真聰明，工作能力也不足。『夫、遷、福』中有二個空宮，只有夫妻宮是陽巨，表示奮發力不強，又喜歡競爭。你們的朋友宮又都是廉破，會結交到品行不良的朋友，對你產生破害。由此可見，推銷術是很糟的了。你們要加強專業智能和奮發力，也要改善人際關係中的敏感力，能辨明是非真假才行。

6. **紫殺坐命巳、亥宮的人**：你的『命、財、官』是紫殺、武貪、廉破，正坐在『殺、破，狼』格局之上。但是其中有三個星是居平陷之位的，而且官祿宮是廉破，代表智慧不高，工作能力也不強，沒有營謀策劃的本領，只會蠻幹。『夫、遷、福』中有天相陷落、天府和空宮，表示奮發力也不強。朋友宮也是空宮，在人緣關係上有待加強。因此你的推銷術整體上要加強的還很多。增加專業智能，加強奮發力，加強人際關係的親和力和敏感力都勢在必行。

7. **空宮坐命子、午宮，有同陰相照的人**：你的『命、財、官』中，命、官二宮是空宮，財帛宮是陽巨，表示你的智能和工作能力不夠好。賺錢又必須用競爭的方式才能得到。『夫、遷、福』中是機梁、同陰、空宮（

福德宮）。坐命午宮的人，環境比較溫和富裕，也會用心去體諒，感覺別人，人際關係稍好一點。命坐子宮的人，外界環境較差，也無法去感覺到人際關係中的細膩情感。你們都是奮發力不強、專業知識不足的人，需要加強。這些都是需要改善的因素。

8. 空宮坐命丑、未宮，有武貪相照的人：你的『命、財、官』中，命宮是空宮，財帛宮是天相陷落，官祿宮是天府。因此你的智能是普通，性格一板一眼，奮發力是不足的。『夫、遷、福』中是紫殺、武貪、廉破。營謀策劃能力不佳。打拚能力也不算好。命坐未宮的人，朋友宮有同陰居旺，朋友運好。命坐丑宮的人，朋友宮是同陰居陷，朋友運不佳。因此命坐未宮的人推銷術好一點，至少能體會別人的心意，而施展推銷術。命坐丑宮的人，必須從頭學起，專業智能、奮發力，營謀策劃，以及人際關係中的敏感力和親和力全部要學要改善，才能有好的推銷術。

9. 空宮坐命寅、申宮有陽巨相照的人：你的『命、財、官』中命宮是空宮，財帛宮是機巨，官祿宮是同陰，命坐申宮的人較聰明、智慧高、工作能力也稍強。命坐寅宮的人官祿宮的同陰是陷落的，表示智能不高，工作能力不強。『夫、遷、福』中，有夫妻宮和福德宮都是空宮，遷移宮是陽巨，表示環境中就是吵吵鬧鬧多爭鬥競爭的環境，奮發力也不強。朋友宮是武貪，朋友運不好，多強悍的朋友，人際關係算是不佳的。因此你要改善推銷術，就要增加奮發力，和加強人際關係中的親和力和敏感力才行，同時也要加強專業智能。

10. **廉破坐命卯、酉宮的人**：你的『命、財、官』正是廉破、紫殺、武貪。其中有三個星居平陷之位，另有三個星是在廟旺之位。你對金錢和好運的敏感力是很強的。但是營謀和策劃能力不佳，老是破財，這是專業技術上的智能有問題。『夫、遷、福』中夫妻宮是空宮，遷移宮是天相陷落，福德宮是天府。因為環境不佳，所以奮發力也不算很強，只是頑固的忙碌而已，在做事上幫助不大。朋友宮是陽巨，代表朋友中競爭激烈，又多口舌是非。因此你的推銷術要改善，就一定要加強專業智能、知識性，以及奮發力，並且要改善人際關係中的親和力和敏感力，不要再孤注一擲了。

11. **空宮坐命辰、戌宮，有機梁相照的人**：你的『命、財、官』中，命宮是空宮，官祿宮是陽巨，表示只是愛爭鬥，智能不高。『夫、遷、福』中夫妻宮也是空宮，遷移宮是機梁，福德宮是同陰，這是『機月同梁』格中的四顆星，表示奮發力也不夠強。朋友宮是天相陷落，朋友運不好，人際關係有瑕疵。因此要改善的問題很多，要多學習增加專業智能，要加強奮發力，要加強人際關係中的敏感力和親和力。

12 **天府坐命巳、亥宮的人**：你的『命、財、官』之中，財帛宮是空宮，官祿宮是天相陷落，表示做人規矩，但智能不高，工作能力也不強。『夫、遷、福』是廉破、紫殺、武貪，剛好坐在『殺、破、狼』格局之上。但這一組『殺、破、狼』格局的奮發力是不夠強的，而且還會產生破耗等事。朋友宮是機梁，朋友都是聰明奸巧的人，對你沒有助益。由此可見，此等命格的人際關係還是有問題的，欠缺敏感力和應變能力，所以你的推銷術要獲得改善，就必須增強專業智能，增加奮發力，還要再加強人際關係中的敏感力不可了。

縱觀上述每個命格的推銷術改善方法中，點出了每個命格在實際情況下為什麼推銷術不夠好？有那些問題？其實這些問題就是影響這個人在一生中成就高低的真正癥結所在。

我們可以看到在分析中顯示：命格溫和柔弱的人，如天府、天相、天同、太陰、天機等星坐命的人，是奮發力不夠強的人。而命格強勢的人，如廉貞、貪狼、七殺、破軍等命格的人是奮發力好，但在人際關係中無法體會深入人心，瞭解別人的喜怒哀樂，也無法用柔性訴求去打動別人。同時也是無法體會別人內心需要的人，因此在做推銷工作時會碰壁，得不到別人的良好回應。

更有一些命宮居陷的人，會有智慧不夠高，工作能力不好，做事沒有方法，心裡雖然想要和別人競爭，實際上是能力不足的人。同時也不具備策劃能力，和營謀致勝的能力。

在我們由前面的分析中就可很清楚的看到自己的問題在那裡？就把這些

問題挑出來，加以改善、努力，推銷術就一定可大大改善，人生的成就也會因此而增高了。謹在此祝福各位讀者，善用你的推銷術去開創人生燦爛的前途吧！

用你的運氣來減肥瘦身

法雲居士◎著

人身邊的運氣有好多種，有好運，也有衰運、壞運。通常大家只喜歡好運，用好運來得到財富和名利。

但通常大家不知道，所有的運氣都是可用之材。

衰運、壞運只是不能為您得財、得利，有禍端而已，也是有用處的。只要運用得當，即能化險為夷，反敗為勝。並且運用得法，還能減肥、瘦身、養生。

這是一種不必痛、不必麻煩，會自然而然瘦下來的瘦身減肥術，以前減肥失敗的人，不妨可以來試試看。

學會這套方法之後，會讓你的人生全部充滿好運和希望，所有的衰運、壞運也都變成有用的好運了。

如何用偏財運理財致富

法雲居士◎著

偏財運會創造人生的奇蹟，

偏財運也會為人生帶來財富，

但『暴起暴落』始終是人生中的夢魘。

如何讓暴發的財富永遠留在你的身邊，

如何用一次接一次的偏財運增高你的人生格局。

這本『如何用偏財運來理財致富』就明確的提供了發財的方法和用偏財運來理財致富的訣竅，讓你永不後悔，痛快的過你的人生！

好運隨你飆

法雲居士⊙著

經濟不景氣要會算運氣、算命運！
在亂世要命強、命硬才能繼續生存！
算命到底在算什麼？算命就是算『時間』！
也就是算『因時間點移動、變化後，人在應對周遭人、事、物的情緒，會產生什麼變化以及總體狀況所產生之結果。』

『好運隨你飆』這本書就是專門討論『運氣』和『時間點』上所形成的關鍵問題的一本書。

法雲居士用紫微斗數的命理方式教您解讀人生中幾個重要運氣的存在關鍵，以及時間點交叉、重疊時能形成好運氣的方法。

紫微面相學

法雲居士⊙著

『面相』是一體兩面的事情，我們可以從一個人的外表來探測其內心世界，也可從一個人所發生的某些事情來得知此人的命運歷程。『紫微面相學』更是面相中的翹楚，在紫微命理裡，命宮主星便顯露了人一切的外在面貌、精神與內在的善惡、急躁、溫和。

『紫微面相學』能從見面的第一印象中，立刻探知其人的內在性格、貪念，與心中最在意的事，與其人的價值觀，並且可以讓您掌握到此人的所有身家資料。

『紫微面相學』是一本教您從人的面貌上，就能掌握對方性格、喜好，並預知其前途命運的一本書。

『紫微面相學』同時也是溫故知新、面對自己、改善自己前途命運的一本好書！

紫微成功交友術

法雲居士⊙著

成功的人都有成功的好朋友！失敗的人也都有運程晦暗的朋友！好朋友能幫助你在人生中『大躍進』！壞朋友只能為你『扯後腿』。

流年朋友運能幫你提升交朋友的層次，進入成功者的行列！每一個人想掌握交到益友、欣逢貴人的契機！『時間』就是一個不容忽視的關鍵！

『紫微成功交友術』，就是一本讓每個人都能掌握時間交到益友的一本書。同時也是讓你改變人生層次的一本書。更讓你此生不虛此行！

如何創造事業運

法雲居士⊙著

人生中有千百條的道路，但只有一條，是最最適合您的，也無風浪，也無坎坷，可以順暢行走的道路，那就是事業運！

有些人一開始就找對了門徑，因此很早、很年輕的便達到了目的地，成為事業成功的菁英份子。有些人卻一直在茫然中摸索，進進退退，虛度了光陰。

屬於每個人的人生道路不一樣，屬於每個人的事業運也不一樣！要如何判斷自己是否走對了路？一生的志業是否可以達成？地位和財富能否得到？在何時可得到？每個人一生的成就，在紫微命盤中都有顯示，法雲居士以紫微命理的方式幫助您檢驗人生，找出順暢的路途，完成創造事業運的偉大工程！

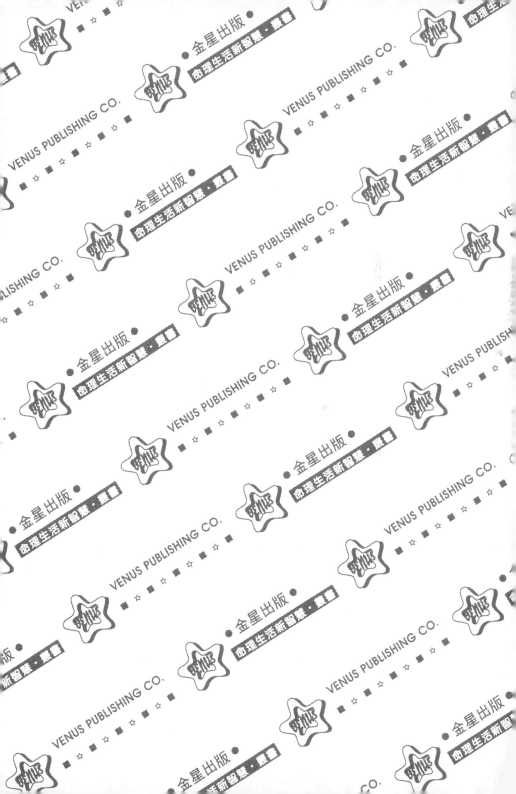

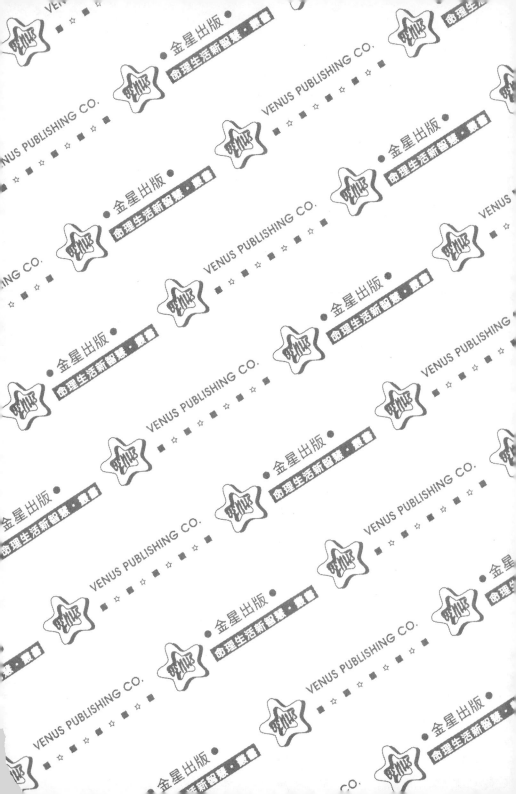